My Life, My Gas

나의 인생, 나의 방귀?

나의 인생, 나의 방귀?

데이비드 A. 릭스 지음 | 정지연 옮김

EIN 앤 Company

My Life, My Gas
나의 인생, 나의 방귀?

초판 제1쇄 인쇄 2004년 7월 7일
초판 제1쇄 발행 2004년 7월 15일

지은이 | 데이비드 A. 릭스
옮긴이 | 정지연
펴낸이 | 조철선

펴낸곳 | (주)아인앤컴퍼니
등록번호 | 제22-2451호
주소 | 서울특별시 서초구 양재동 275-1 삼호물산 A동 1816호
전화 | 02-589-0130 팩스 | 02-589-0131
E-mail | books@einandcompany.com
홈페이지 | www.einandcompany.com

인쇄 · 제본 | (주)아트정글

ISBN 89-91042-03-1 03320
값 11,500원

에디슨은 전구를 발명하기 위해 2,000번의 실패를 겪었다고 합니다. 에디슨이 전구를 발명한 후, 기자가 에디슨에게 "2,000번이나 실패하셨으면서 중간에 포기할 생각은 안 하셨습니까?"라고 묻자 에디슨은 "실패라니요. 전 단지 2,000번의 과정을 거쳤을 뿐입니다."라고 했답니다. 그는 실패를 단순히 실패라고, 끝난 것이라고 생각하지 않고 성공을 위한 발판으로 삼았던 것입니다. 그는 우리에게 친숙한 '실패는 성공의 어머니' 란 말을 남긴 것으로도 유명합니다.

우리는 실패를 타산지석, 반면교사로 삼아야 한다는 주장은 많이 하면서도 아직까지 실패에서 교훈을 얻으려는 풍토는 만들지 못한 것이 사실입니다. 실패를 통해 새로운 창조를 이끌어내기는커녕 같은 실수와 실패를 반복하고 있는 것입니다.

사실 실패한 경험은 성공으로 판명된 결과만큼 소중하며, 우리는 보통 성공보다는 실패로부터 더 많은 것을 배웁니다. 우리들 대부분은 많은 정력과 시간, 돈을 투자했던 계획이 수포로 돌아가면 모든 것이 끝났다고 생각합니다. 하지만 실패를 모든 것이 끝난 것으로 보아서는 안 되고,

많은 것을 배울 수 있는 기회로 삼아야 합니다. 또한 당신의 실패는 당신과 유사한 상황에 있는 다른 이에게는 직접 경험하지 않고도 소중한 교훈을 얻을 수 있는 간접경험이 됩니다.

우리는 성공을 칭송하며 월계관을 씌워주는 데는 익숙하지만, 실패는 경원시하고 사장시킵니다. 기업들도 성공 사례의 분석에는 상당한 에너지를 투입하지만 실패 사례의 분석은 일회성으로 그치는 경향이 있습니다. 이렇듯 실패에 대한 우리 사회의 자세는 아직 원시적인 수준에 머물러 있습니다.

어떤 일이나 기업도 성공만으로 점철될 수는 없으며 대부분 80의 실패와 20의 성공으로 이루어집니다. 우리 사회와 경제가 한 단계 더 도약하려면 이제 실패를 다루는 태도를 바꾸어야 합니다. 실패를 타산지석으로 삼아 반복되는 실패를 방지하고, 나아가 새로운 창조를 이끌어내는 사회가 되어야 합니다. "나는 실패했다는 이유만으로 누구를 나무란 적이 없습니다. 실패는 나쁜 것이 아닙니다. 실패는 집안을 꾸려가고, 인생을 설계하고, 회사를 경영하는 데 소중한 자산입니다. 그러나 그것을 묻어

두는 행위는 매우 나쁜 것입니다.” 이와 같은 이건희 삼성그룹 회장의 말처럼 실패는 ‘더 큰 성공을 위한 신의 선물’이며 똑같은 실수를 반복하지 말라는 ‘고효율의 과실’입니다.

실제로 성공 사례는 실제 상황에서는 적용능력이 떨어지는 데 반해, 실패 사례를 학습하는 것은 실패하지 않는 방법뿐만 아니라 성공하는 법까지 함께 생각하게 하기 때문에 현실적으로 훨씬 도움이 된다고 합니다.

이런 취지에서 경영 각 분야의 실패 사례집을 ‘실패에서 배운다’라는 이름의 시리즈로 출간하게 되었습니다. 경영 실패 사례를 책으로 묶어내는 것은 우리나라에서는 아직 생소하지만, 미국·일본 등 선진국에서는 오래 전부터 활발하게 이루어져왔습니다. ‘실패에서 배운다’ 시리즈는 외국에서 출간되었던 우수한 경영 실패 사례집을 선정하여 번역·출간함은 물론, 국내의 우수한 필진이 참여한 국내 실패 사례집도 출간할 예정입니다.

'실패에서 배운다' 시리즈가 다룰 분야는 다음과 같습니다.

- 창 업 편
- 리 더 십 편
- 마 케 팅 편
- 영업관리 편
- 국제경영 편
- 경영일반 편
- 변화관리 편
- 삶의지혜 편
- 경력관리 편
- 재 테 크 편

'실패에서 배운다' 시리즈가 실패를 '명실상부한 성공의 어머니' 로
자리매김하게 하는 디딤돌이 되기를 바라며, 기업 일선에서 실패를 겪으
면서도 꿋꿋이 털고 일어나 다시 시작하시는 모든 분들께 도움이 되기를
바라는 마음입니다.

(주)아인앤컴퍼니

조 철 선

실수를 일일이 해보고 교훈을 얻기에는 인생은 너무 짧다

우리는 사업의 성공에 대한 이야기를 흔히 듣는다. 모든 이들이 남들의 성공에서 한수 배우고 싶어하는 듯하지만, 정말 굉장한 것이 아니라면 그들의 성공담은 대부분 금세 잊혀져버리고, 사람들은 대단한 교훈을 얻지도 못한다.

그러나 실수담은 다르다. 쉽게 받아들여지지는 않지만 잘 잊혀지지 않고, 또한 소중한 교훈을 남길 수도 있다. 내가 국제 비즈니스에서의 실수담을 모으기 시작한 것도 이 이야기들이 강의실에서 유용하게 활용된다는 사실을 알게 되었기 때문이다. 어느 날 수업 중에 많은 학생들이 별것 아니라고 생각했던 국제 비즈니스 관련 문제를 토론한 후, 나는 우리가 토론했던 바로 그 문제를 기업들이 간과했다가 실수를 저질렀던 일화를 몇 가지 제시했다. 실수담에 대한 학생들의 반응은 뜨거웠다. 그들은 토론 주제에 대해 더 잘 기억했을 뿐만 아니라, 국제 비즈니스에 대한 학구열도 더 높아졌다.

언론에서 보도된 실수담을 나는 강의실에서 활용했고, 역시 비슷한 결과를 얻었다. 그리고 내가 아주 쓸모 있고 재미있는 교수법을 알게 되었다는 사실을 깨달았다. 그 후 나는 본격적으로 다국적기업들이 저지른 실수담을 찾아보기 시작했다. 사우스캐롤라이나 대학의 제프리 S. 아팬

교수, 오하이오 주립대학의 대학원생이었던 마릴린 Y.C. 푸 합스터, 델하우지 대학의 도널드 패튼 교수의 도움을 받아 국제 비즈니스를 가르치는 교수들과 서신을 교환하고, 저널과 비즈니스 관련 잡지에서 실수담을 찾았다. 우리는 몇 편의 글을 발표했고, 1974년에는 그리드 출판사에서 *International Business Blunders*라는 책을 내기에 이르렀다.

<비즈니스위크(Business week)>와 <포브스(Forbes)>에서는 이 책에 대해 호의적인 반응을 보였고, 학계에서도 이 책의 출간을 환영했다. 나는 계속해서 새롭고 다른 종류의 실수담을 모았고, 나의 이런 작업은 언론의 관심을 받기도 했다. 일반인들이 나의 작업에 대해 알게 되면서 개인적으로 실수담을 보내주는 경우도 있었다. 이런 모든 이유로 인해 나는 그동안 모아두었던 국제 비즈니스의 마케팅 실수담에 대한 책을 써야겠다는 생각을 하게 되었다.

그리하여 1983년에 리처드 D. 어윈 출판사에서 *Big Business Blunders: Mistakes in Multinational Marketing*이란 책을 냈다. 이 책은 재계와 학계에서 모두 좋은 반응을 얻었다. 그러나 이 책에는 내가 가지고 있던 실수담들 중 마케팅을 제외한 사례들이 실리지 않았다.

그리하여 국제 비즈니스에서 발생하는 좀더 광범위한 실수사례를 싣기 위해 1993년에 블랙웰 출판사에서 바로 이 책 *Blunders in International Business*의 초판을 출간하기에 이르렀다. 초판이 출간된 후 나는 국제 비즈니스의 모든 영역에서 저질러진 실수담을 더 많이 모으게 되었다.

이제 독자들과 그간의 나의 작업을 공유할 수 있게 된 점을 진심으로 환영한다. 나는 타인의 실수로부터 귀중한 교훈을 얻을 수 있다고 진심으로 믿는다. 물론 이 책의 내용은 교훈을 얻기 위한 것만은 아니다. 여기 소개되는 내용은 재미있기도 하다. 또한 이렇게 책을 통해 간접적으로 배우는 것은 경험을 통해 뼈저리게 배우는 것보다는 훨씬 나은 방법임에 틀림없다.

실수담을 모으고 발표하기까지 많은 분들의 도움을 받았다. 전작의 공동저자였던 제프리 S. 아팬, 매릴린 합스터, 도날드 패튼, 비제이 마하잔은 나에게 커다란 용기를 주었고, 예전의 조사 작업에 많은 도움이 되었다. 특히 실수담에 대한 나의 끊임없는 관심을 이해하고 참아준 점에 대해 감사드리고 싶다. 이 책의 개정판을 내면서 루신다 노위츠에게도 큰 도움을 받았다. 이전 판의 편집자였던 레슬리 윌리암스도 정말 뛰어났다. 미국국제경영대학원 썬더버드의 학생이었던 카리 모겐탈러, 사우스캐롤라이나 대학 국제 비즈니스 대학원 학생이었던 피터 비멜먼, 캐서린 휼스터, 마틴 메즈나, 페드로 새너브리어, 그리고 오하이오 주립대학 대학원 학생이었던 제프 서게어는 연구 보조원으로 도움을 주었다. 그 외에도 나에게 실수담에 대한 정보를 보내주어 도움을 준 분들이 더 계시다. 그 모든 분들께 진심으로 감사를 드린다.

데이비드 A. 릭스

c   o   n   t

e　　　n　　　t　　　s

Chapter 1

국제 비즈니스,
타인의 실수로부터 배워라

"타인의 실수에서 배우라.
모든 실수를 일일이 해보고 교훈을 얻기에는 인생은 너무 짧다."

- 무명씨 -

국제 비즈니스를 하는 데 있어서 변하지 않는 딱 한 가지는 바로 '변화'이다. 변화란 예상하지 못했던 사건이 일어날 수 있는 가능성을 의미한다.

이런 예상치 못한 사건들 가운데에는 관련 기업들에게 이득을 준 경우도 있다. 예를 들어, 한 미국 기업이 남미의 한 지역에서 여성용 생리대를 판매했는데, 갑자기 판매량이 대폭 상승한 일이 있었다. 기업은 그 이유를 알게 되었을 때 쾌재를 불렀다. 그 이유는 바로 그곳 농부들이 먼지 차단용 마스크로 사용하기 위해 생리대를 구매했던 것이었다. 1960년대에 베트남 남부에서 칫솔을 판매하던 한 미국 기업이 겪은 놀라움도 이에 못지않았다. 이 기업 역시 기대하지 않았던 판매 상승을 경험했는데, 몇 년 후 그 이유를 알게 되었다. 바로 베트콩이 무기를 청소하기 위해 칫솔을 구매했던 것이다.

다른 회사들도 계획하지 않았거나 상상하지 못했던 용도로 상품이 사용되어 그 결과로 뜻밖의 시장성을 발견하는 경우가 있다. '운이 좋은' 이 회사들은 당연히 이런 놀라움을 환영한다. 예를 들어, 지난 1991년의 걸프전 와중에 어떤 상품이 상상하지 못한 용도로 사용된 적이 있었다. 미군이 사막의 모래로부터 총신을 보호하기 위해 콘돔을 사용했던 것이다. 그 결과 콘돔회사의 주가는 높이 치솟았다.

그러나 모든 회사가 이런 행운을 누리는 것은 아니다. 사실, 국제 비즈니스를 하면서 겪게 되는 깜짝 놀랄 만한 사건은 대개 별로 환영할 만한 것이 못된다. 기업에서는 피할 수 없는 사태의 변화로 인해 무방비 상태가 되기도 하고, 혹은 피할 수도 있었을 결과를 놓고 씁쓸함을 느끼기도 한다. 미리 예상하고 피할 수도 있었던 사건으로 인해 커다란 손실을 입고 당황스러운 경험을 했다면, 그런 결과를 가져온 결정을 내린 기업은 '큰 실수를 했다'는 말을 듣게 된다.

외국의 환경은 분석하기 쉽지 않다. 실제로 기업가들은 각국의 고객들이 서로 다르다는 점을 간과하여 실수를 저지른다. 바이어들은 현지의 경제적 제약, 가격, 현지인들의 태도와 취향 등을 감안하여 무엇을 살지, 어떻게 살지, 언제 살지, 그리고 어디서 살지를 정한다. 이런 차이점을 구별하지 못하는 기업은 실수를 저지를 수밖에 없다.

국제 비즈니스에서 문화적 다양성은 가장 골치 아픈 변수다

문화적 다양성은 다국적기업이 마주하게 되는 가장 중요하고도 골치 아픈 변수이다. 기업가들이 문화적 차이를 이해하지 못한다면 십중팔구 국제 비즈니스를 하면서 실수를 저지르게 된다.

한 유럽인 사업가가 중요한 협상을 위해 중국으로 출장을 갔을 때의 일이다. 그는 장난을 치면서 음료수에서 얼음을 꺼내 동료에게 던졌다. 그러나 재수 없게도 이 얼음조각은 정부 관리의 근처에 떨어졌고, 그는 그 길로 짐을 싸야 했다. 경박하게 웨이트리스의 몸에 손을 댄 불운한 사나이도 예정보다 일찍 짐을 싸서 집으로 돌아가야 했다. 장난을 좋아하는 외국인들의 사례가 입증하듯 중국인들은 이런 장난을 단순하게 받아들이지 않는다.

1983년에 콜럼비아 영화사(Columbia Pictures)는 이집트를 배경으로 하는 4시간짜리 영화를 제작했는데, 그 결과 이집트에서는 콜럼비아사가 제작한 모든 영화의 상영이 금지되었다. 이집트 당국은 그 영화의 많은 장면이 부적절하다고 판단했는데, 파키스탄어의 악센트, 모로코식 의상, 미국식 행동방식 등이 거기에 포함되었다. 그 영화에는 이집트의 나세르 대통령이 공적인 장소에서 부인과 키스하는 장면이 담기기도 했는데, 이는 이집트를 비롯한 많은 국가에서 받아들여지지 않는 행동이었다.

종종 문화적 차이는 의식(儀式) 진행과정에서 나타나기도 한다. 예를 들어 토론토 블루제이스(Toronto Blue Jays; 미국 프로야구 메이저리그 소속 구단의 하나 - 옮긴이)의 경기에서 벌어진 일이 그러하다. 미 해병대의 기수가 캐나다 국기를 붉은 단풍잎이 뒤집혀진 상태로 게양했다. 이 장면은 캐나다 TV에도 방송되었기 때문에, 캐나다 측 중계석은 분주해졌고, 토론토의 신문들은 이 실수에 대한 시청자들의 비난으로 도배가 되었다.

히타치사의 자회사인 미주 히타치 자동차사(Hitach Automotive Products (USA), Inc.)의 기공식이 열리던 날, 켄터키주 주지사는 일본 임원들에게 켄터키주 주기(州旗)를 선물로 전달했다. 모든 사람들이 보는 앞에서 깃발을 꺼내 보인 후, 일본 임원은 조심성 없게도 이 깃발이 바닥에 끌리게 들고 갔다. 일본에서는 미국에서처럼 깃발을 소중하게 다루지 않는다. 일본인 임원은 켄터키주 주민들을 모욕할 뜻이 전혀 없었다.

그저 미국의 관습을 잘 몰랐을 뿐이었다. 그러나 기공식에 참석했던 미국인들은, 특히 나이가 지긋한 미국인들은 무척 불쾌해했다.

다른 나라 사람들이 사는 방식이 우리와 다르다는 사실을 알면서도 때로는 그 차이점을 받아들이기가 힘들다. 다음과 같은 경우라면 어떻겠는가. 솔트레이크 시티에 살고 있는 아프리카 통가 출신 사람이 조랑말을 팔겠다는 신문광고를 보고 연락을 했다. 왜 조랑말을 사려고 하냐는 질문에 그 통가 사람은 아들의 생일을 위한 것이라고 대답했다. 판매자는 이 대답에 만족했고, 거래는 성사되었다. 그런데 바로 그 자리에서 통가인은 방망이를 집어 들더니 조랑말을 두들겨 패서 죽어버렸다. 그리고 자신의 트럭에 죽은 조랑말을 싣고 집으로 돌아가는 것이 아닌가. 경찰이 이 통가인의 집에 도착했을 때는 성대한 생일잔치가 벌어지고 있었다. 많은 통가인들이 모여 조랑말을 요리해서 즐겁게 먹고 있었다. 조랑말 요리는 통가의 전통적인 생일 상차림이었던 것이다.

모든 나라마다 이해가 필요한 독특한 특징이 있다. 예를 들어 아랍인들은 흔히 마감을 싫어한다. 마감을 앞두고 있는 아랍인은 자신이 위협을 당한다고 느끼고 구석으로 숨어버리는 경향이 있다. 그러나 미국인들은 마감을 설정하고 문제를 해결하고자 한다. 중동 지방의 전자제품 수리점에 가면 손도 대지 않은 채 내버려진 미국인 소유의 라디오 세트가 수백 대씩 쌓여 있다. 미국인들은 언제까지 고쳐달라고 날짜를 지정하는데, 아랍인들은 그런 요구를 피하기 때문이다. 이는 문화적인 차이를 이해하지 못하여 벌어진 결과이다.

　　미국인 사업가들은 타문화권의 시간 개념을 이해하면서도 이와 비슷한 어려움을 겪는다. 한 미국 사업가는 미국에서 통하던 관습을 그리스인 고객에게 적용하려다가 중요한 계약 기회를 놓쳐버렸다. 미국 기업인들은 그리스인들 앞에서 지나치게 솔직한 태도로 거리낌 없이 말했을 뿐만 아니라, 회의 시간을 정해놓으려 했다. 그러나 그리스인들은 시간 제한을 두는 것을 모욕이라 생각했으며, 미국인들이 융통성이 없다고 느꼈다. 또한 미국 기업에서는 먼저 원칙에 합의한 후 세세한 사항은 지사를 통해 결정하려고 했다. 그러나 그리스인들은 이를 사기 전략이라 생각했다. 그들은 시간에 관계없이 모든 사항을 직접 관장하고 싶어했다.[1]

　　문화마다 서로 다른 의전 문제도 종종 국제적인 실수의 원인이 된다. 태국의 공공시설 프로젝트에 입찰 중이었던 시카고의 한 기업 직원들은 회의를 위해 시카고를 방문한 태국 대표단이 사무실로 오기를 기다리고 있었다. 몇 시간을 기다려도 태국 대표단은 나타나지 않았는데, 그들은 공항에서 시카고 측 인사들이 마중 나오기를 기다리고 있었다. 결국 회의는 다음날로 연기되었다. 그러나 또다시 똑같은 문제가 발생했다. 태국 대표단은 시카고 회사의 직원들이 호텔까지 자신들을 모시러 올 것이라고 기대했고, 시카고 회사 사람들은 태국 대표단이 알아서 사무실까지 올 것이라 생각한 것이다.

---

[1] 이에 대한 더 자세한 내용과 비슷한 사건들을 보려면 에드워드 T. 홀(Edward T. Hall)이 쓴 《침묵의 언어(The Silent Language; New York; Doubleday, 1959)》를 참고할 것.

프랑스에서 맥도날드(McDonald's)는 문화적 차이를 간과했다가 몇 년 동안 소송에 휘말려야 했다. 프랑스 측 사업 파트너를 선정하면서 맥도날드는 판매와 관련된 사항만을 점검했다. 맥도날드는 이 과정에 아주 익숙했고, 늘 그랬듯이 성공적으로 파트너를 선정했다. 그러나 청결함에 대한 파트너 측의 태도에 대해서는 충분히 고려하지 않았다. 프랑스에서는 미국만큼 청결함을 중시하지 않기 때문에 현지 파트너는 이를 큰 문제로 보지 않았던 것이다. 그러나 프랑스에서의 사업 규모가 커지면서 미국에서라면 있을 수 없을 정도로 불결하게 매장이 관리되고 있다는 사실을 알게 되었다. 물론 프랑스 파트너와 프랑스인 고객들은 이 점을 크게 부정적으로 생각하지 않았다. 문제는, 프랑스 맥도날드의 고객 중 다수가 미국 관광객이었는데, 이들은 미국에서와 같은 수준의 청결함을 기대했다는 점이다. 결국 맥도날드 프랑스 지점들로 인해 맥도날드는 세계적으로 이미지에 먹칠을 했고, 본토에서 얻었던 '청결하다는' 명성에 금이 가고 말았다.

미국의 어떤 슈퍼마켓에서는 일본 고객들을 끌기 위해 생선초밥과 차를 대접하는 이벤트를 벌였다. 그러나 불행히도 그 슈퍼마켓에서 대접한 초밥은 날 생선이 아닌 익힌 생선으로 만든 것이었으며, 차도 일본 차가 아닌 중국 차였다.

문화적 차이를 이해하지 못하여 심각한 결과에 이르는 경우도 있다. 남태평양의 한 섬에 근무했던 운 없는 미국 기업인의 경우를 보도록 하자. 그는 섬의 전통적 신분제도를 무시하고 원주민들을 고용했다. 그러나 한 계급에서 너무 많은 사람들을 고용하는 바람에 주민들의 권력 균형이 무너지게 되었다. 섬사람들은 그런 상황을 받아들일 수 없었으며, 그 상황에 대해 논의하고 대안을 수립했다. 그들은 새벽 3시까지 이 작업을 했는데, 그들의 문화에서 시간은 별로 중요하지 않기 때문에 아침이 될 때까지 기다리지 않고 미국인에게 자신들의 제안을 즉시 알리기로 했다. 섬 주민들은 별 뜻 없이 미국인의 집에 찾아갔지만, 한밤중에 원주민의 갑작스런 방문을 받은 미국인은 공포에 질렸다. 원주민의 언어를 알아듣지도 못했으며, 새벽 3시에 사업문제를 의논하자고 할 것이라고는 상상하지 못한 미국인은 폭동이 일어난 줄 알고 해병대를 부르기까지 했다. 이 사건이 마무리되어 사업을 재개할 수 있게 되기까지는 시간이 좀 걸렸다.

하지 말아야 할 일이 무엇인지 아는 것만큼 해야 할 일이 무엇인지 아는 것도 중요하다. 예를 들어 인도에서는 다른 사람의 집에 초대 받은 자리에서, 혹은 사교 모임에서 사업 문제를 이야기하면 집주인의 신성한 접대를 모독하는 것으로 간주된다. 인도 출신의 고위직 인사가 "우리 집에 아무 때라도 오라"고 초대를 한다면, 이는 미국에서처럼 예의상 말로만 하는 초대가 아니라 진정어린 초대이다. 인도 사람들은 초대를 하고 나서는 손님에게 언제 오겠느냐고 예의바르게 묻는다. 이때 확실한 시간을 말하지 않으면 인도 사람들은 거절당했다고 여긴다. 이런 관습을 이해하지 못하면 심각한 오해가 발생할 수 있다.

커피 한 잔을 거절했다가 심각한 문제가 벌어지는 수도 있다. 한 미국 기업인은 큰 이익을 남길 수 있는 계약을 진행하다가 상대측인 사우디아라비아인이 권하는 커피 한 잔을 아무 생각 없이 거절했다. 사우디아라비아에서 이런 거절은 모욕으로 받아들여진다. 당연히 사우디아라비아인은 굳은 태도를 보였고, 협상 결과는 좋지 않았다.

선물을 주는 것도 문제를 일으킬 소지가 있다. 어떤 경우, 사람들은 선물을 바란다. 선물을 주지 않으면 모욕당했다고 생각하기도 한다. 그런데 어떤 경우에 있어서는 단순한 성의 표시도 무례로 받아들인다. 예를 들어, 중동 지방에서는 음식이나 음료를 가지고 찾아가는 것은 집주인을 모욕하는 행동인데, 이런 선물은 집주인이 관대하지 못하다는 의미를 담고 있기 때문이다. (주류는 특히 더 위험한 선물이다. 이슬람교를 믿는 지역에서 술은 금지 품목이기 때문이다.) 라틴 아메리카에서는 선물로 식탁용 칼이나 손수건을 준비하면 안 된다. 이런 선물은 관계를 끊자는 의미이거나, 눈물 날 일이 생긴다는 의미이기 때문이다. 중국인에게 시계를 주는 것 역시 좋은 생각이 아니다. 중국어에서 시계라는 단어의 발음은 장례식이란 단어의 발음과 비슷하기 때문이다.

선물을 주는 방법도 중요하다. 아시아에서는 받는 사람을 당황시키지 않기 위해서는 선물을 개인적으로 전달해야 한다. 그러나 중동에서는 뇌물이라는 혐의를 피하려면 선물을 공개적으로 전달해야 한다.[2]

---

2 캐슬린 리어던(Kathleen Reardon)이 쓴 32쪽짜리 소책자인 《국제 비즈니스에서 선물을 주는 관습(International Business Gift-Giving Customs)》에서는 해외에서 선물을 주면서 발생하는 문제들을 다루고 있다. 이 책은 파커 펜사(Parker Pen Co.)에서 출판되었다.

실수를 막기 위해서는 해야 할 일과 하지 말아야 할 일, 해도 되는 일과 해서는 안 되는 일을 구별할 줄 알아야 한다. 예를 들어, 종교적인 건축물에 들어갈 때는 신발을 벗어야 한다. 그러나 그 종교의 신자가 아니라면 신발을 벗고 들어갔다고 해도 신자처럼 행동해서는 안 된다.

외국 문화를 완벽하게 이해하고 완벽한 지식을 습득하기란 거의 불가능하다. 사실, '문화'가 무엇인지에 대한 일반적인 합의조차도 없다. 많은 전문가들은 문화란 한 집단의 신념과 삶의 방식에 연관되는 요소들의 복합체라고 정의를 내리고 있다. 한 외국의 문화를 이해하려면 많은 분야에 걸친 지식이 필요하다. 불행한 일이지만, 외국 문화에 호의적인 태도를 가지고 있더라도, 별로 중요해 보이지 않는 면을 간과하여 실수를 저지를 수 있다.

국제 비즈니스에서 의사소통은 무엇보다 중요하다

앞서도 말했듯이, 국제 비즈니스에서 문화는 매우 중요한 역할을 한다. 문화의 여러 측면 중에서도 의사소통은 가장 중요하다. 의사소통을 제대로 하지 못하여 수많은 실수가 저질러진다. 기업은 고객, 공급자, 임직원, 그리고 정부당국과 원만한 의사소통 연결고리를 가지고 있어야 한다. 그러나 빈약한 의사소통 네트워크로 인해 문제가 발생되어왔으며, 앞으로도 그럴 가능성이 있다.

테크놀로지는 실수를 일으키는 새로운 원인이다. 단순히 테크놀로지를 제대로 이해하지 못해서 실수가 발생하기도 하지만, 평상시의 방법으로는 실수를 알아챌 수 없는 경우도 있다. 따라서 우리는 새로운 테크놀로지에 맞춰 실수를 감지하는 방법을 개발해야 할 필요도 있다.

자료를 얻기 위해 인터넷을 사용하는 경우가 그러하다. 인터넷 사용이 나날이 증가하면서 문제점들이 생기고 있다. 요즘 많은 도서들이 인터넷을 통해 내용을 업데이트할 수도 있고, 책의 내용을 보충할 수도 있는 부록을 제공하고 있다. 그러나 소기의 목적과 같은 결과를 얻기 위해서는 주의를 기울여야 한다.

예를 들어, 마이클 모펫과 아서 스톤힐이 지은 국제재정관리 교재의 1998년판에서 문제가 생겼다. 독자들에게 연습문제의 해답을 비롯하여 학습과정을 점검할 수 있는 인터넷사이트 주소를 알려주었는데, 주소가 약간 잘못 표기되었다. 외환(FX) 관련 사이트로 표기되어야 하는 것이 X등급의 성인사이트로 표기되었던 것이다. (경쟁관계에 있던 교재의 저자들은 혹시 일부러 그런 것이 아니냐는 의혹을 제기하기도 했다.)

의사소통을 방해하는 수많은 잠재적 요소들이 존재하기 때문에 미래의 바이어들과 효율적으로 의사소통을 하기란 특히 어렵다. 메시지를 잘못 번역할 수도 있고, 부적절한 매체를 사용할 수도 있으며, 법규를 어길 수도 있고, 경제적 차이나 취향의 차이를 무시할 수도 있다. 때로는 기업이 보낸 메시지를 고객들이 전혀 수용하지 않기도 하고, 어떤 경우에는 메시지가 도착하기는 했으나 비효율적이어서 거의 소용이 없을 수도 있다. 가끔은 어처구니없게도 고객에게 엉뚱한 메시지를 보내는 기업도 있다.

예를 들어, 일본인에게 "예(yeah)"라고 말하는 것은 현명한 일이 아니다. "예"라는 단어의 발음은 일본어의 "아니오(いいえ; 이이에)"란 뜻과 비슷하게 들리기 때문에 마치 아니라고 대답한 것처럼 들릴 수도 있기 때문이다. 그러나 "소우(so)"라고 말하는 것은 문제가 없다. 그 발음은 영어와 일본어에서 같은 뜻을 갖기 때문이다. (한편, 중국어로 "부 쓰(不 是)"라는 단어는 '그르다'란 뜻이다. 재미있게도, 뭔가를 믿지 못하겠다는 표현을 할 때 미국인들도 이와 무척 비슷한 발음의 관용표현을 사용한다!)

물론 다국적기업만이 의사소통상의 실수를 저지르는 것은 아니다. 카터 전 미국 대통령의 통역사가 폴란드에서 저지른 실수도 오래 기억될 만한 것이다. 연설 중에 폴란드 여성에 대해 뭐라고 발언을 했는데, 통역사가 이를 잘못 통역하여 카터 전 대통령이 폴란드 여성들에게 "굶주려 있다"고 말한 셈이 된 것이다. 유명한 사람들은 간혹 대중 앞에서 직함이나 이름을 잘못 부르는 실수를 저지르기도 한다. 잘못된 발음으로 무언가를 말하는 사람을 보면 얼마나 불쌍해 보이는가.

의사소통의 문제라고 해서 모두 언어와 관련된 것은 아니다. 비언어적인 의사소통의 어려움 역시 심각한 실수로 이어진다.

비언어적인 의사소통에는 다양한 형태가 있으며, 언어적인 의사소통을 보충하기 위해 사용되거나 또는 언어적인 의사소통이 불가능할 때 사용되기도 한다. 다음에 제시할 실화는 외국 여행 중에 비언어적 의사소통에 의존하면 얼마나 위험한지를 잘 설명해준다. 애완견 푸들과 함께 장기 세계 크루즈 여행을 다니던 부유한 미국인 부부가 있었다. 배가 아시아의 한 정박지에 서자 부부는 애완견을 데리고 도시를 관광하기로 했다. 한참을 돌아다니고 난 후 그들은 괜찮아 보이는 식당에서 저녁을 먹기로 했다. 그러나 식당의 종업원들은 영어를 하지 못했고, 부부 역시 현지 언어를 하지 못했다. 그래서 그들은 메뉴에 있는 음식들을 손가락으로 짚어가며 주문을 했다. 푸들 역시 배가 고플 것이었기 때문에 부부는 개를 위한 음식도 주문했다. 웨이터는 오랫동안 무슨 이야기인지 알아듣지 못했지만, 몇 번 되물은 끝에 결국 부부의 뜻을 알아차린 듯 보였다. 웨이터는 개를 가리키고 나서 주방을 가리켰다. 부부는 웨이터의 이런 행동을 애완견은 식당 안에서 밥을 먹일 수 없고 주방에서 먹여야 하며, 따라서 주방에서 애완견을 위한 음식을 준비해주겠다는 의미로 해석했다. 그래서 부부는 웨이터가 개를 주방으로 데려가도록 했다. 약간 오랜 시간 끝에 그 웨이터를 비롯한 전 종업원이 부부가 주문한 음식을 들고 나타났다. 주방장이 푸들 요리가 담긴 식기의 뚜껑을 자랑스럽게 열었을 때 부부가 얼마나 경악을 금치 못했을지 상상해보라.

다양한 형태의 비언어적 의사소통을 잘못 해석하기 때문에 오해와 실수가 일어난다. 한 예로, 미국인들은 '참는 자에게 복이 온다'는 속담을 자주 잊는다. 많은 경우에 있어서 실제로 필요한 것은 인내심인데도, 그들은 '참아야 한다'는 가르침을 잊어버리고 적절하지 않은 행동을 저질러버린다. '적절하지 못한' 정도의 신체접촉이나 눈맞춤은 많은 사람들에게 불편한 감정을 일으키고, 효율적인 의사소통을 방해한다. 대화 도중 상대방과 '잘못된' 거리를 유지하면 너무 공격적이거나 적대적이라는, 혹은 너무 냉담하거나 신뢰할 만하지 못하다는 평을 들을 수 있다.

각 문화권마다 독특한 신체 동작을 이용하여 의사소통을 하기도 한다. 하나의 문화권에서 통용되는 동작이나 손짓이 다른 문화권에서는 전혀 다른 의미로 해석될 수도 있다. 예를 들어 미국에서 OK 사인은 흔하게 사용된다. 그러나 프랑스에서 이 동작은 숫자 0(영)을 의미하고, 일본에서는 돈을 의미한다. 그리고 남미 일부 지역에서는 상스러운 몸짓으로 받아들여진다. 어떤 기업은 카탈로그의 페이지마다 OK 사인을 인쇄하고 나서야 이 사실을 알게 되었다. 다행히 이 실수를 조기에 발견하기는 했지만, 카탈로그를 모두 다시 인쇄하느라 시간과 돈을 소모해야 했다.

머리를 끄덕이거나 흔드는 행동은 특히 해석하기가 힘들다. 미국 사람들은 "그렇다"라는 의미로 머리를 위아래로 흔드는 반면, 영국 사람들에게 이 행동은 알아들었다는 표시는 되지만 반드시 동의를 의미하지는 않는다. "아니다"라는 표현을 하기 위해 미국인들은 머리를 좌우로 흔들지만, 중동 지역에서는 머리를 거만한 태도로 뒤로 휙 움직이고, 동양인들은 얼굴 앞에서 손을 좌우로 흔들며, 에티오피아에서는 손가락을 좌우로 흔든다.

인도 사람들은 관심을 표하기 위해 머리를 양 옆으로 흔든다. 그러나 뉴질랜드 사람들은 관심을 표하는 동작으로 숨을 훅 들이마신다. 미국 사람들이 흔히 하는 손으로 목을 베는 시늉은 스와질랜드 사람들에게는 "사랑해"를 의미한다. 유럽에서 손가락으로 뒤집힌 V 자를 그려보이는 것은 모욕적인 행동이다. 손바닥이 위로 향하게 한 채로 검지손가락을 자기 쪽으로 움직이는 행동은 많은 나라에서 "이리로 오라"는 의미이지만, 같은 동작이 좋지 않은 의미를 갖는 나라들도 있다. 에티오피아에서는 누군가를 부를 때 손바닥이 아래로 향하게 한 상태로 손을 뻗쳐서 반복하여 손가락을 오므리는 행동을 한다. 팔짱을 끼는 행동은 피지에서는 존경을 나타내지만, 핀란드에서는 거만한 자세로 받아들여진다. 에티오피아인들은 아이들에게 조용히 하라고 말하려 할 때는 한 손가락을 입술에 대고, 어른들에게 그런 뜻을 전하려 할 때는 네 손가락을 입술에 댄다.

손가락으로 사람을 가리키는 것은 위험한 동작이다. 북미에서는 이런 행동을 흔히 볼 수 있지만, 여러 나라에서 이 행동은 아주 무례하게 여겨진다. 특히 아시아와 아프리카에서 그러하다. 손가락을 오므린 채로 엄지손가락으로 가리키는 것이 훨씬 나은 동작이다. 북미에서는 엄지손가락을 위로 드는 행위가 긍정적인 동작으로 받아들여지는데 반해, 중동지방에서는 비속하고 모욕적인 행위로 해석된다.

각 문화권마다 고유의 인사법을 가지고 있다. 악수와 비슷한 동작들이 가장 흔하지만, 가볍게 포옹을 하기도 하고, 코를 문지르거나 키스를 하는 등 문화에 따라 다양한 인사법이 있다. 이런 관습을 알지 못한다면 불편하고 당황스런 첫 만남을 하게 되거나 심각한 오해를 사게 될 것이다.

이 외에 또 다른 요소들 때문에 의사소통의 문제가 발생할 수도 있다. 예를 들어 목소리의 톤도 중요할 수 있다. 어떤 문화권에서는 멀리 있는 사람에게 말을 할 때 목소리를 높여도 되지만, 다른 문화권에서 커다란 목소리는 화를 내거나 이성을 잃은 상태로 받아들여진다.

지역에 따라 웃음마저도 다르게 해석된다. 대부분의 나라에서는 웃음을 기쁨의 표현으로 생각하는 반면, 어떤 문화권에서는 그렇게 받아들이지 않는다. 서아프리카의 많은 나라에서는 웃음이 당황, 불편, 혹은 놀람을 나타낸다.

문화마다 언어적 형태의 의사소통과 비언어적 형태의 의사소통에 차이가 있다는 사실을 알지 못하면, 사교상, 혹은 사업상 많은 실수를 저지를 수 있다. 현지인들은 여행객들의 실수는 그냥 보아 넘겨주려 한다. 잠시만 머무르는 사람들이기 때문이다. 그러나 기업인들이 저지르는 실수에 대해서는 그렇게 관대하지 않다. 기업을 대표하여 파견된 사람들이 현지 경제에 관심을 가지고 있는 듯 보일 경우엔 특히 더 그렇다. 그러므로 실수의 결과는 사업에 큰 영향을 미칠 수 있다.

이 책은 다국적기업이 해외에서 사업을 하며 저지른 실수에 대해 논하고 있다. 이런 실수담들 중 언론에 보도된 것들도 있다. 그러나 한정된 실수만이 보도되었으며, 실수의 유형에 대한 분류는 없었다. 언론에 보도된 수백 건의 실수담을 모아 보니, 실수들을 몇 가지 유형으로 묶을 수 있었다. 이런 작업을 통해 일반적으로 적용할 수 있는 결론에 도달할 수 있었다.

우리는 실수를 다음의 7개 영역으로 구분했다: 제품 생산, 작명, 마케팅, 번역, 경영관리, 경영 전략, 그리고 '기타' 이다.

생산과 관련된 실수들, 특히 부적절한 장소에 공장을 세우는 경우에 일반적으로 비용 손실이 가장 크다. 제품과 포장에 얽힌 실수담에서 공장의 위치와 시설 배치에 대한 실수까지를 Chapter 2에서 다룬다.

Chapter 3의 내용은 적절하지 못한 제품명과 회사명으로 인해 골치를 앓은 기업들의 이야기이다. 오래되고 진부한 명칭을 사용하여 의미를 제대로 전달하지 못하기도 하고, 새로운 명칭을 만들었다가 그 결정을 후회하기도 한다. 이런 실수들은 때로는 아무 손해도 없이 웃음만 안겨주고 지나가기도 하지만, 때로는 모욕과 난감함을 안겨주는 동시에 비용 손실도 따르는 경우가 있다.

Chapter 4에서는 마케팅과 관련한 실수담들을 소개했다. 의사소통의 문제, 빈약한 판촉전략, 문화적 차이 등이 모두 심각한 마케팅상의 실수를 만들어내는 데 일조를 한다.

잘못된 번역으로 인해 실수가 일어나는 경우가 가장 많다. 실제로 번역과 관련한 실수담은 방대하여 Chapter 5에 따로 떼어서 다루었다. 부주의한 번역, 여러 가지 의미를 지닌 표현이나 관용어구를 잘못 번역하는 경우 등 여러 경우에 번역의 실수가 생겨난다.

서로 다른 문화적 차이를 이해하지 못하거나 인지하지 못하기 때문에 경영상의 실수를 범하는 경우도 많다. Chapter 6에 소개되는 수많은 경영상의 실수는 현지의 노동풍토를 제대로 알지 못했기 때문에 벌어졌다. 이런 오해로 인해 일어난 사건들은 이 책에 소개된 사건들 중에서도 가장 갈등의 정도가 강하다.

전략과 관련한 실수는 대개 가장 복잡한데다 가장 극복하기 힘든 종류에 속한다. Chapter 7에서는 기업이 한 나라에 막 진출하는 시기에 벌어지는 문제들, 제휴관계를 설정하면서 벌어지는 문제들, 물품 조달과 관련한 문제들을 다루었다.

Chapter 8에서는 법률, 재정 문제, 시장조사와 관련한 실수를 다루었다. 이런 종류의 실수담들은 많이 알려져 있지도 않고, 중요하게 다루어지는 경우도 드물다. 그러나 이런 실수로도 큰 손실이 발생된다. 이 Chapter에서는 국제 비즈니스를 하다 보면 어떤 분야에서라도 실수를 하기 마련이라는 점을 분명히 알려주고 있다.

마지막 Chapter에서는 이 책에 등장한 국제 비즈니스의 실수담들로부터 어떤 교훈을 얻을 수 있는지 설명한 후, 몇 가지 중요하고 기본적인 결론을 제시할 것이다. 그리고 마지막으로 줄 조언과 주의할 사항들도 요약되어 있다.

실수를 저지른 기업을 조롱하기 위해 이 책을 쓰지는 않았다는 점을 명심하기 바란다. 또한 많은 기업들이 끊임없이 멍청한 실수만을 저지르고 있다고 생각해서도 안 된다. 아무리 실수를 저질렀어도 기업들의 전체적인 실적은 훌륭한 편이다. 그러나 이 책을 통해 미래에는 실적이 더욱 향상하기를 소망한다.

Chapter 2

제품 생산에서의 실수

타이완의 한 회사는 중동 지방으로 수출하는 음료수 컵을 선적하면서, 나무상자에 지푸라기를 넣어 컵을 포장했다. 그러나 목적지에 도착하고 보니 대부분의 컵은 깨져 있었다. 건조한 중동 지방을 지나면서 지푸라기가 머금고 있던 습기가 줄어들어서, 상자가 배달되었을 시점에는 바스라진 지푸라기가 전혀 충전재의 역할을 하지 못했던 것이다. 이렇게 한 지역에서 특정 용도로 잘 쓰이던 물건도 다른 지역에 가면 전혀 소용이 없을 수 있다.

최근에는 서비스산업에 지대한 관심이 모아지고 있다. 서비스산업의 중요성이 커지고 있기 때문에 다른 산업, 즉 실제로 제품을 생산하는 제조업의 중요성이 간과되기 쉽다. 그러나 제품의 생산은 국제 비즈니스에 있어서 아주 중요한 분야이다.

제품을 생산하는 기업들은 제조업 특유의 위험에 노출되어 있으며, 따라서 서비스산업에서라면 피해갈 수도 있는 실수를 저지르게 된다. 그러한 실수들은 생산을 위한 장소와 시설 배치, 제품 혹은 제품의 포장 등이다.

현지 공장은 어디에 지어야 할까?

중국은 자국의 수요와 수용 능력을 제대로 계산하지 못하여 일부 서구 기업들과 협상 중이던 50억 달러짜리 계약을 취소해야만 했다. 상하이 근처의 바오산(保山)에 대규모 제철공장을 건설하려던 계획은 시작부터 어두운 그림자가 드리워져 있었다. 협상의 쌍방은 건축부지에 항만시설과 운송시설, 그리고 전력시설이 적절하게 갖춰져 있지 않다는 사실을 인지하지 못했다. 이런 시설들을 세우기 위해서는 부가적으로 90억 달러의 비용이 추가되어야 했다. 게다가 중국은 초기자본 50억 달러를 마련하기 위한 재원으로 석유를 생각했는데, 석유 수익은 기대에 훨씬 미치지 못했다. 중국 정부는 체면을 잃었고, 버림받은 서구 기업들은 중국에 대한 신뢰를 잃었다.

유명한 다국적 섬유제조업체인 셀라니즈(Celanese)사는 시칠리 섬에서 유칼립투스 나무가 자라고 있는 넓은 지역의 땅을 구매했다. 이곳에 펄프 제조공장을 세우고 이 지역의 나무를 원자재로 사용하려는 계획을 가지고 있었다. 그러나 공장을 건설하고 생산을 시작하고 나서야 이 지역 나무들은 크기가 작고, 공급량이 너무 제한되어 있으며, 펄프를 제조하기에 적합하지 않다는 사실을 알게 되었다. 그 결과 회사는 비싼 가격에 펄프를 수입해야 했고, 결국 5천5백만 달러의 손실을 본 뒤 공장 문을 닫고 말았다. 그 회사는 땅을 구매하기에 앞서 전문가를 시칠리 섬으로 보내 나무를 검사해야 했다. 그러나 그 돈 몇 푼을 아끼려다가 이런 값비싼 교훈을 얻게 된 것이다.

다른 많은 기업들도 생산부지로 부적당한 곳을 선택했다가 깊은 상처를 입었다. 미국의 한 식품가공업체는 멕시코에 있는 강의 삼각주에 파인애플 통조림 공장을 세웠다. 파인애플 농장은 강의 상류에 위치하고 있었기 때문에 회사에서는 거둬들인 과일을 바지선에 싣고서 공장까지 운반하기로 했다. 그러나 막상 수확기가 되자 당황스럽게도 강의 물살이 너무 세서 바지선을 띄울 수가 없었다. 이 외에는 다른 운송방법이 없었기 때문에 결국 공장은 문을 닫을 수밖에 없었다. 이 업체는 세운 지 얼마되지도 않은 공장 설비를 멕시코 기업에게 원가의 일부분만을 받고서 매각했고, 그 멕시코 기업은 구입하자마자 설비를 다른 곳으로 이전했다. 이 미국 기업은 배를 이용한 운송상의 문제를 소홀히 취급하여 큰 손해를 본 것이다.

한나 광업회사(The Hanna Mining Company)는 브라질에서 실패를 경험했다. 이 회사의 기본 전략 중 하나는 추출된 광석의 공급량을 늘리는 것이었다. 소규모의 설비로는 이익을 내기가 힘들었기 때문에 회사는 수익성이 확보되는 작업량인 2백만 톤의 광석을 수출할 수 있을 때까지 매년 규모를 늘리기로 결정했다. 초기에는 별 문제가 없었다. 그러나 현지에 적당한 운송수단이 없었기 때문에 애초 기대했던 것만큼 설비를 증대할 수 없었다. 이 경우에는 필요한 광석을 추출할 만한 능력을 회사가 소유했음에도 불구하고 이를 시장으로 운반할 방법이 없었기 때문에 실패한 것이다. (이 실수에 대해서 한나 광업회사는 현지 철도 당국과 계약하여 운송량을 최대로 늘리려 했으나 상대방이 계약을 이행하지 못했기 때문에 벌어졌던 일이므로 자신들이 예측할 수 있는 문제가 아니었다고 말했다.)

또 다른 예를 들어보자. 한 프랑스 회사는 동아프리카에 목재공장을 세웠는데, 공장 건축이 끝나고 나서야 공장을 돌릴 만한 전력이 그 지역에 없다는 사실을 알게 되었다. 불행히도 앞으로 전력시설이 생길 계획도 없었다. 프랑스인들은 쓸모없게 된 공장을 해체할 수밖에 없었다.

때로는 공장부지가 아닌 공장의 시설이 문제가 되기도 한다. 예를 들어, 영국의 한 펄프회사는 또 다른 영국 기업과 함께 캐나다 브리티시컬럼비아주(州)의 목재를 이용하려는 생각을 가지고 합작투자를 시작했다. 그들은 광활한 삼림지역의 이용권을 획득했고, 캐나다 목재의 특성에 대해 잘 알지 못하는 영국인 기술자들이 제재공장을 설계했다. 그 결과 공장의 시설은 다양한 크기와 종류의 캐나다 목재를 다 다룰 수 있을 만큼 탄력적이지 못했다. 결국 3년도 되지 않아 이 기업은 큰 손실을 보며 공장을 매각했다.

영국에 대량 납품된 미국산 섬유기계 모터가 반송된 경우도 있었다. 영국인들은 그 모터가 자신들이 주문한 것과 다른 모터라고 생각했기에 반송을 시켰다. 영국에서는 모터가 오른쪽으로 돌아간다고 생각하는 반면, 미국인들은 왼쪽으로 돌아간다고 생각한다. 미국에서는 직물을 짤 때 아래쪽부터 감는다고 생각하지만, 영국에서는 이와 반대로 위쪽부터 감는다고 생각한다. 이런 차이로 인해 미국에서는 영국과 반대 방향의 모터를 만들었던 것이다.

제품의 현지화는 필수

선진국에서는 판매용 상품이 산더미처럼 진열되어 있어도 그리 놀랄 일이 아니다. 그러나 다른 나라에서는 이런 다양성과 풍부한 선택의 기회가 존재하지 않기도 한다. 한 나라에 어떤 상품이 없다고 해서 그 상품이 들어오면 금방 이익을 내는 괜찮은 시장이 될 것이라는 계산은 많은 기업을 가시밭길로 내몰았다. 현지 소비자들이 제품을 구매할 능력이 된다고 하더라도 그 제품을 원하지 않을 수도 있고, 아니면 그 지역의 취향과 선호도에 맞춰 수정을 해야만 관심을 보일수도 있다는 등의 사실을 미처 고려하지 못한 회사가 여럿 있었다.

현지화(adaptation)라고 알려진 이런 수정에는 크게 두 가지 형태가 있다. 그것은 제품의 수정과 포장의 수정이다. 제품의 수정, 혹은 개조는 현지의 취향이나 조건에 맞추기 위해 이따금 요구되는 일이다. 포장의 현지화는 상품의 호감을 높이거나 지역 특유의 환경에서 상품의 품질을 유지하기 위해서 종종 필요하다. 때로는 포장과 제품을 모두 수정해야 할 때도 있다.

| 제품 현지화의 필요성 |

애플 컴퓨터(Apple Computer)는 IBM보다 먼저 일본 시장에 진출했으나 앞서 출발한 이득을 보지 못했다. 애플사는 미국에서 판매하던 모델을 현지화하지 않고 그대로 일본에서 판매하려 했다. 심지어 사용자 매뉴얼을 일본어로 번역하는 노력조차 하지 않았다. IBM이 시장에 진출하여 소비자 중심의 접근을 하고 나서야 애플사는 자신들의 실수를 깨달았다. 늦었지만 매뉴얼을 번역하는 등의 몇 가지 변화를 시도했고, 상황은 훨씬 나아졌다.

비슷하게 P&G도 일본 기저귀 시장에 진출하면서 문제를 겪었다. 수년에 걸친 조사 끝에 결국 그 문제를 해결할 수 있었는데, 원인은 다음과 같았다. 일본 부모들은 미국 부모들보다 훨씬 자주 기저귀를 갈아주는 반면, 일본의 가정은 미국 가정과는 달리 넉넉한 수납공간을 가지고 있지 않았다. 따라서 큰 단위로 박스 포장된 종이 기저귀는 보통의 일본 가정에서는 보관하기가 힘들었다. 이에, P&G에서는 좀더 얇고 작은 단위로 포장된 기저귀를 생산했다. 이 신제품의 인기는 급속도로 올라갔고, 이제는 일본에서 가장 유명한 상표가 되었다.

캠벨 수프사(Campbell Soup Company)는 농축수프를 영국 시장에 판매하면서 소비자를 교육시키는 것보다는 제품을 수정하는 것이 좀더 쉬운 길임을 깨달았다. 회사에서는 영국인들의 취향에 자사의 제품이 맞는지 알아보기 위해 시장성 테스트를 시행했으며, 수프의 가격도 경쟁력 있게 책정했다. 그러나 초기의 판매는 저조했다. 그 이유는 영국인들이 캠벨 수프가 다른 제품과 비슷한 가격대라는 것을 이해하지 못했기 때문이다. 영국인들은 캔으로 된 수프를 사는 데는 익숙했지만, 농축수프는 낯설어했다. 따라서 똑같은 돈을 내고 절반의 양밖에 되지 않는 수프를 사는 듯 느꼈던 것이다. 캠벨 수프는 두 가지 기로에 섰다. 서둘러 영국의 대중을 대규모로 교육시키느냐, 아니면 제품을 바꾸느냐. 이들의 선택은 제품의 수정이었다. 제품에 물을 첨가하여 영국 식료품점에서 쉽게 볼 수 있는 기존의 수프들과 똑같은 모양으로 만든 것이다.

제너럴 푸드(General Foods) 역시 미국 스타일의 젤-오(Jell-O)를 영국에서 판매하려다 비슷한 어려움을 겪었다. 그들이 판매하려던 젤-오는 가루 형태였는데, 그것은 미국에서는 흔한 젤리 포장법이었다. 그럼에도 불구하고 영국인들은 별로 흥미를 보이지 않았다. 영국에서는 젤리 본연의 모양을 그대로 포장한 것이 더 흔했던 것이다. 영국인들은 젤리가 찰랑찰랑 흔들리는 모양새를 가지고 있지 않을 경우 젤리답지 않다고 생각했다. 제너럴 푸드는 영국의 기준에 맞춰 재빨리 제품 모양을 바꾼 덕분에 화를 면할 수 있었다.

외국에서 담배를 판매하며 속을 썩은 회사도 여럿 있다. 한 가지 상품을 모든 사람들이 좋아할 것이라는 생각은 착각이다. 실제로 새로운 시장에서 성공하려면 제품에 약간의 변형을 가할 필요가 있다. 꼭 바꿔야할 부분을 바꾸지 않으면, 그것이 아무리 작은 것이었다고 해도 판매에타격을 줄 수 있다. 예를 들어, 적지 않은 회사들이 후진국에서 필터담배를 판매하면서 어려움을 겪었다. 잘사는 나라의 소비자들은 흡연이 건강에 해롭다는 것을 알기 때문에 필터담배를 구매하는 데 기꺼이 돈을 더쓴다. 그러나 평균수명이 채 30년도 안 되는 후진국에서는 폐암으로 죽을지도 모른다는 위협이 그리 설득력이 없다. 흡연의 위험성을 안다고하더라도 후진국의 흡연가들은 비싼 필터담배를 살 경제적 능력도 없거니와 노년에 폐암이 생기지 않을까 하는 걱정도 별로 하지 않는다. 결과적으로 후진국에서의 필터담배 시장은 그리 활발하지 못한 편이다. 이럴경우 판매를 늘릴 유일한 방법은 필터를 없애고 가격을 낮추는 것이다.

한편, 어떤 제품에는 좀더 기술적인 변형이 요구되기도 한다. 만약 목표로 하고 있는 국가의 전압이 본국과 다르다면, 그곳에서 전자제품을출시하기 전에 제품의 전압을 바꿔야 할 것이다. 국가마다 도량형도 다르므로 해당 국가의 표준에 맞춰 바꿔야 한다. 제품의 크기 역시 고려의대상이 된다. 예를 들어, 일본에서 어떤 제품을 판매하던 영국 회사는 일본의 표준 규격에 따라 제품 크기의 16분의 1인치를 고치고서야 문제가해결되었다. 이 작은 차이가 제조사들에게는 커다란 골칫거리가 될 수있다. 다행히 대부분의 기업은 현지의 기준과 조건을 금방 알 수 있으므로 아주 엉뚱한 제품을 소개하는 일은 드물다. 이보다 훨씬 어려운 과제는 미묘한 기술적 차이점과 어디에 변형이 필요한지를 알아내는 것이다.

일본의 스타 전자(Star Manufacturing Co. Ltd.)는 미국에서 판매하기 시작한 프린터가 별로 인기가 없다는 사실을 알게 되었다. 일본에서는 잘 팔리던 프린터였는데, 미국인들은 보다 선명한 그래픽을 원했기 때문에 판매가 부진했던 것이다. 회사는 곧 프린터를 변형시켰고, 판매는 즉시 상승했다.

한 복사기 제조회사는 외국에 복사기를 수출하면서 그 나라에 제대로 된 품질의 용지가 있을 것이라고 생각했다가 심각한 문제를 겪었다. 현지 정부가 제지회사를 소유하고 있었는데, 불행히도 종이의 크기와 품질이 들쭉날쭉했던 것이다. 헌데 이 회사의 복사기는 이런 제멋대로인 용지를 감당할 수 없었다. 게다가 정부에서는 자신들의 제지공장에 대해 자부심을 가지고 있었기 때문에 복사기에 필요한 용지의 수입을 허가하지 않았다. 덕분에 복사기는 무용지물이 되었고, 시장성은 사라져버렸다. 회사에서는 시장에 진입하기 전에 이 문제를 조사했어야 했다. 그리고 정규 용지를 수입할 수 있도록 허가를 요청하거나, 현지에 있는 용지에 맞춰 자신들의 복사기를 바꿨어야 했다. 이 두 가지가 모두 가능하지 않았다면, 회사는 그 국가에서 복사기를 판매하려던 계획을 취소했어야 했다.

이와 비슷한 경우로, 폴라로이드(Polaroid)사에서는 1989년에 슬라이드 복사기를 미국과 유럽 시장에 출시하자는 계획을 세웠다. 그러나 불행히도 미국과 유럽의 표준 용지 크기가 다르다는 것을 알지 못했다. 유럽의 용지를 사용하면 복사기가 작동하지 않았던 것이다. 서둘러 고치기는 했지만, 추가로 비용이 들었던 것은 두말할 나위도 없다.

　미국의 P&G에서도 유럽에 액체세제를 판매하며 힘든 일을 겪었다. 유럽의 세탁기에는 분말세제를 썼기 때문이다. 또한 세탁기 브랜드마다 디자인도 달랐기 때문에 세탁기에 세제투입장치를 부착하는 것도 불가능했다. 마침내 P&G에서 찾아낸 해결책은 다음과 같았다. 세제 병에 플라스틱 공을 넣은 것인데, 이 '계량공'에 액체세제를 채워 빨랫감에 넣도록 한 것이다. 현재 P&G는 유럽 액체세제 시장의 50%를 점유하고 있다.

　서구의 냉장고 제조업자들은 처음 일본에 제품을 판매하기 시작하면서 아주 큰 어려움을 겪었다. 냉장고의 모터가 주요 원인이었다. 종이처럼 얇은 일본 가옥의 벽에 비해 냉장고의 소음이 너무 시끄러웠던 것이다. 시어스사(Sears Roebuck; 미국의 가전제품, 생활용품 제조업체 - 옮긴이)는 일본에서 가장 성공적으로 냉장고를 판매한 서구의 회사인데, 현지의 조건에 맞춰 냉장고를 설계한 덕에 그런 성공을 거둘 수 있었다.

　캐나다의 제너럴 모터스(General Motors)는 이라크에 자사의 자동차를 수출하면서 심각한 기술적 문제를 경험했다. 회사에서는 13,500대의 시보레 말리부(Chevrolet Malibu) 모델을 선적했는데, 이 차들의 기계장치는 덥고 먼지가 많은 기후에 적합하지 않았던 것이다. 이라크 측은 GM사가 기계적 문제를 해결하여 차를 믿고 운전할 수 있게 될 때까지 자신들이 주문했던 남은 선적분 12,000대를 받지 않기로 했다. GM사는 바그다드에 있는 엔지니어와 기술자의 수를 세 배로 늘렸고, 마침내 보충 공기필터와 클러치를 사용하여 기계적인 문제를 해결할 수 있었다. 그러나 이번에는 정치적인 문제에 부닥쳤다. GM사는 정치의 모래바람이 잠잠해지길 기다려야 했고, 그동안 사막에서의 주행을 위해 특별히 개발된 12,000대의 자동차는 캐나다에서 눈을 맞고 있어야 했다.

한 미국의 타이어 제조회사는 프랑스에서 공장을 개업한 후 생각지도 못했던 중대한 변경을 해야 했다. 이 회사는 과거에 프랑스에서 성공을 거둔 경험이 있었다. 이를 믿고서 시장성 조사도 해보지 않고 새로운 제조공장을 세웠던 것이다. 그러나 프랑스인들의 운전습관은 과거와 달라져 있었고, 새로운 종류의 타이어가 필요했다. 미국 회사는 할 수 없이 제품을 바꿔야 했다. 물론 이 사건을 통해 그 기업은 교훈을 얻었다. 그래서 다음부터는 공장을 세우기 전에 시장조사부터 했다.

수백 년 전에도 제품의 현지화가 필요했다. 영국의 동인도회사는 어쩌면 인도에 공급하던 제품의 현지화에 실패해서 1857년에 인도의 통치권을 놓쳐버렸는지도 모른다. 그 당시 탄환에는 돼지기름을 바르곤 했는데, 총을 쏘기 전에는 탄환의 끝부분을 입으로 물어뜯어야 했다. 인도 병사들은 이것이 돼지기름인 것을 알고 몹시 분개했는데, 그들은 종교적인 이유로 돼지고기를 먹지 않았기 때문이다. 병사들은 반란을 일으켰고, 양측에서 수백 명이 사망하고 나서야 안정을 되찾을 수 있었다. 탄환은 변형되었으나, 동인도회사는 인도의 통치를 브리티시크라운(British Crown)에게 넘겨야 했다. [1]

---

[1] 이 사건에 대해 여러 다른 견해가 있지만 오늘날 대부분의 역사학자들은 돼지기름이 발라져 있던 탄환이 '촉발제' 역할을 했다고 본다. 이 탄환은 영국인들이 인도인들의 문화적 가치와 요구에 대해 얼마나 무감각했는지를 보여주는 예이다. 실제로 동인도회사는 사업 전체에 있어 수정을 가해야만 했다.

적절하지 못한 상품의 현지화 역시 비극을 안겨줄 수 있다. 이집트에서 신발을 판매했던 중국의 한 회사가 바로 이런 일을 겪었다. 그 중국 회사는 신발 밑창에 아라비아 문자를 새겨 넣으면 이집트인들의 관심을 좀 더 끌 수 있을 것이라고 생각했다. 그러나 불행히도 디자이너는 아랍어를 알지 못했고, 무작위로 추출한 자료로부터 몇 개의 단어를 복사하여 신발 밑창에 새겼다. 그들이 선택한 단어의 뜻은 '신(God)'이었다. 이 사건의 파장은 심각하여 중국 정부가 대사급 외교관을 이집트에 파견해야 했을 정도였다.

때로는 상품이 실수로 잘못된 지역으로 배송되는 경우도 있다. 예를 들어, 얼마 전에 한 회사가 미국의 부모들로부터 원성을 자자하게 들은 일이 있었다. 이 부모들은 "킬 마미(Kill Mommy; 엄마를 죽여라)"라고 말하는 인형을 구매했다면서 회사를 비난했다. 이 인형은 홍콩에서 만들어졌지만 일본에서 선적되었다. 해당 지역의 언어로 말하는 인형을 배달해야 했는데, 포장 과정에서의 실수로 스페인어를 말하는 인형이 미국으로 배달되었다. 스페인어로 "끼에로 마미(Quiero Mommy)"는 "엄마 사랑해요"라는 뜻이다. 그러나 녹음 상태가 좋지 못했던 스페인어는 마치 영어의 "Kill Mommy"처럼 들렸던 것이다. 이는 언론에까지 떠들썩하게 보도되었다.

현지화를 필요로 하는 또 하나의 변수는 바로 취향이다. 식품과 담배 산업이 좋은 예이다. 필립모리스(Philip Morris)가 미국인 취향의 담배를 캐나다에 판매하며 겪었던 일은 유명하다. 다른 많은 회사들도 여러 국가에서 이와 비슷한 어려움을 경험했다. 대부분의 담배회사들은 '맞서느니 바꾸는 게 낫다'는 생각을 가지고 있고, 따라서 담배는 이제 각 지역 사람들이 선호하는 취향에 맞춰 각각 다르게 제조된다.

현지 소비자의 구미에 맞추기 위해 많은 식품들의 맛이 수정되어야 했다. 제너럴 푸드는 유럽과 일본에서 고전을 면치 못하다가 결국 커피와 식품을 현지인 취향에 맞춰 바꿔야 했다. 캠벨 수프 역시 유럽인의 입맛에 맞추기 위해 수프 제품 몇 가지의 맛을, 특히 토마토 수프의 향을 바꿔야 했다. 소프트드링크들 역시 지역에 따라 판매를 늘리기 위해 맛을 바꾸었다. 아주 미묘한 맛의 차이겠지만, 이런 차별 전략이 없다면 판매가 뚝 떨어질 것이다. 제너럴 푸드와 캠벨 수프는 이 사실을 인지하고 적절히 대처했기 때문에 해외에서 성공했다. 네슬레(Nestle) 역시 전세계에서 수십 종의 네스카페를 성공적으로 선보이고 있다.

특히 패스트푸드 체인점들은 무척 민첩하게 메뉴를 바꾼다. 예를 들어 맥도날드는 각 나라마다 다른 메뉴를 제공한다. 독일에서는 맥주를 팔고, 프랑스에서는 와인을, 오스트레일리아에서는 양고기 파이를, 필리핀에서는 맥 스파게티를 팔았다. 베네수엘라의 버거킹에서는 깨소금을 사용하지 않는 대신 더 달고 크림이 많은 밀크셰이크를 판다. 베네수엘라에서는 심지어 케첩도 더 달다. 웬디스(Wendy's)는 일본에서 새우케이크 샌드위치를 판매한다. 쉐이키즈(Shakey's)는 멕시코에서 코리조(chorizo; 소시지의 일종 - 옮긴이)를 팔고, 일본에서는 오징어를 판다. 아비스(Arby's)의 중동 지역 체인점에서는 햄샌드위치를 팔지 않는다. KFC의 영국 체인점에서는 감자튀김 대신 감자칩을 팔며, 일본의 메뉴에는 밥과 훈제치킨이 준비되어 있다. KFC는 또한 아주 독특한 제품 현지화를 시도했는데, 이스라엘에서 닭고기를 판매하기 위해 소위 청결 치킨(kosher chicken; 유대인의 율법에 맞는 정결한 닭고기라는 뜻 - 옮긴이)을 내놓은 것이다. 팝 타츠(Pop-Tarts)는 미국에서 아주 성공한 제품이었는데, 영국에서는 인기가 없었다. 너무 달다는 인식도 한몫 했을 뿐 아니라, 그 당시 대부분의 영국 소비자들에게는 이 제품을 데워 먹을 수 있는 토스터가 없었던 것이다.

미국 회사들만 자국과 외국 현지의 취향이 다르다는 사실을 깨달은 것은 아니다. 예를 들어 유럽에서 만든 수프는 미국인들에게는 너무 짜다는 평가를 들었고, 결국 미국 식료품점에서 그리 잘 팔려나가지 못했다.

식품회사나 담배회사들만이 소비자의 취향에 영향을 받는 것은 아니다. 스타일 역시 제품 현지화에 중요한 요소이다. 현지 사람들이 좋아하는 스타일을 제대로 반영하지 못했을 경우에도 회사는 재정적인 손실을 입을 수 있다. 포드(Ford)사가 1960년대에 유럽에서 겪은 유명한 실수가 바로 한 예다. 포드사는 유럽 판매용 자동차의 외관을 상당 부분 '미국화'했다가 된서리를 맞았다. 유럽 진출 초기의 포드 자동차는 단순하고 매끈한 스타일이었다. 유럽인들은 이런 디자인을 좋아했기 때문에 판매도 잘 되었다. 그러나 1960년대 들어서는 좀더 전통적인 미국 자동차의 스타일(예를 들어 폭이 넓고, 중량감이 있으며, 차체의 길이가 긴)을 유럽 판매용 자동차 모델에 결합했고, 결과적으로 판매는 뚝 떨어졌다. 포드사는 다시금 유럽인 취향을 반영한 자동차를 생산하고 나서야 판매량 하락을 막을 수 있었다.

클루엣 앤 피바디(Cluett & Peabody)사가 겨우 3년 만에 벨기에 공장의 문을 닫은 것도 이와 비슷한 이유였던 것 같다. 클루엣사는 높은 비용 때문에 문을 닫게 되었다고 했지만, 벨기에의 소매업자들은 유럽인의 취향과 씀씀이에 맞지 않는 미국식 스타일과 사이즈, 그리고 가격을 벨기에에서 그대로 사용했기 때문이라고 반박했다. 어떤 이유로 실패를 했든, 사전조사를 실시하고 조사에서 지적된 부분을 수정했다면 실패를 미리 막을 수 있었을 것이다.

제품은 아주 괜찮은데도 불구하고 적절하지 않은 포장으로 인해 판매가 부진한 경우도 많다. 포장은 마케팅에 있어서 제품을 선전하고 제품을 보호하는 등 두 가지 중요한 기능을 한다. 멀리 있는 목적지까지 상품을 보내야 한다면 그 여행을 견딜 수 있을 만큼 포장이 튼튼해야 한다. 많은 회사들이 공들여 상품을 수출했건만, 보냈던 제품의 일부만이 제대로 배달되고 나머지 제품은 손상되어 반송되어오는 일을 겪는다. 또 어떤 회사는 부패하기 쉬운 제품을 몇 달이나 걸리는 방법으로 배달하려 하기도 한다. 또는 습기에(혹은 다른 독특한 조건에) 약한 포장재를 사용하기도 한다.

예를 들어 타이완의 한 회사는 중동 지방으로 수출하는 음료수 컵을 선적하면서, 나무상자에 지푸라기를 넣어 컵을 포장했다. 그러나 목적지에 도착하고 보니 대부분의 컵은 깨져 있었다. 건조한 중동 지방을 지나면서 지푸라기가 머금고 있던 습기가 줄어들어서, 상자가 배달되었을 시점에는 바스라진 지푸라기가 전혀 충전재의 역할을 하지 못했던 것이다. 이렇게 한 지역에서 특정 용도로 잘 쓰이던 물건도 다른 지역에 가면 전혀 소용이 없을 수 있다.

또 다른 타이완 회사에서도 비슷한 문제를 겪었다. 이 회사에 양모를 주문했던 이란의 한 거래처에서 선적분에 대한 대금결제를 거부했는데, 그 이유는 판매자가 양모의 무게를 속였기 때문이라고 했다. 결제가 늦어져 손해를 본 후 타이완의 그 회사가 알게 된 사실은 다음과 같다. 즉,

타이완 같이 습도가 높은 국가에서 생산된 양모는 이란 같은 건조한 국가로 이동되면 무게가 줄어드는 것이다!

어떤 기후에서는 제품의 상태를 유지하기 위해 포장에 특히 세심한 배려를 기울여야 한다. 예를 들어 퀘이커 오츠(Quaker Oats; 미국의 시리얼, 오트밀, 건강음료 게토레이 제조업체 - 옮긴이)는 고온다습한 국가로 수출되는 상품을 보호하기 위해 진공 포장된 통조림 용기를 사용한다.

현지의 수납 여건 또한 모두 다르기 때문에 적절한 크기와 모양으로 포장을 해야 한다. 코카콜라는 2리터짜리 플라스틱 병제품을 스페인에 출시하려 했는데, 시장 진입이 어려웠다. 그리고 곧 그 이유를 알게 되었다. 스페인 가정에서 사용하는 냉장고 문에는 그렇게 큰 병을 넣을 수 있는 공간이 없었던 것이다.

세제도 나라마다 각각 다르게 포장되어야 판매가 잘 된다. 예를 들어 미국인들은 화학반응이나 세제가 효과를 내는 원리 같은 세부사항에 대해서는 신경을 쓰지 않는다. 그러나 독일인들은 이런 점을 유심히 살핀다. 따라서 독일에서 판매할 제품의 포장에는 이런 정보가 담겨 있어야 한다.

겉으로 보기에는 아무 이상이 없는 포장 라벨도 때로는 기업을 곤혹스럽게 만들거나 잠재적 소비자를 모욕적으로 느끼게 만드는 경우가 있다. 한 소프트드링크업체는 본의 아니게 아랍 세계의 소비자들을 불쾌하게 만든 적이 있다. 그 회사에서는 라벨에 단순한 장식으로 6각형의 별을 새거 넣었는데, 아랍인들은 그것이 친이스라엘 정서를 반영한 것이라고 해석했다. 당연히 라벨은 수정되어야 했다.

또 다른 회사는 열 가지 언어로 인쇄된 라벨을 상품에 부착했는데, 그 언어들 중에는 헤브라이어(이스라엘에서 사용되는 언어 - 옮긴이)도 있었다. 그리고 이 상품을 아랍 국가에 판매하려고 했다.

많은 사람들이 알고 있지는 않지만, 만(卍)자 문양은 나치가 만들어낸 것이 아니다. 사실 많은 국가에서 이 문양은 행운을 나타내는 기호로 수백 년 동안 사용되어왔다. M.P. 빈 프로덕츠(M. P. Been Products)사는 인도에서 사업을 하면서 이 문양을 회사 로고로 여러 제품의 포장에 사용했다. 그러나 '저먼 필즈너(German Pilsner)'라는 새로운 맥주를 출시했을 때, 이 맥주의 이름과 함께 만(卍)자 문양이 있는 라벨은 좋은 반응을 얻지 못했다.

한 유명한 록 밴드의 앨범 표지도 불쾌한 인상을 준 경우가 있었다. 두 명의 벌거벗은 아이들이 시소에 앉아 있는 사진이 사용된 그 앨범 표지는 일본 사회에 극도의 거부감을 주었고, 결국 일본에서 판매가 금지되었다.

영국에서 판매된 미제 의료기도 예상치 못한 굉장한 관심을 받았다. 그 의료기의 사용법은 다음과 같이 적혀 있었다. '위를 열고, 아래에 밀어 넣으세요. (Take off top and push in bottom.; take off top은 '윗옷을 벗으세요'란 의미로 해석될 수 있다 - 옮긴이)' 미국에서 이 문장은 아무런 문제가 없었으나, 영국인들에게는 아주 성적인 의미로 받아들여졌다. 두말할 필요도 없이 이 문장은 곧 수정되었다.

글을 읽지 못하는 사람들이 많은 지역에서는 흔히 라벨에 그림을 삽입하여 제품 내용이 무엇인지 설명을 한다. 이 방법은 상당히 합리적인데도 불구하고 한 대기업을 무척 당황시킨 적이 있다. 그 회사는 아프리카의 한 국가에서 영유아용 식품을 판매하려 했다. 제품 라벨에는 병 안에 담겨 있는 식품과 아기의 모습이 그림으로 그려져 있었다. 그런데 불행히도 현지인들은 그 라벨을 보고는 병 안에 담긴 식품이 아기를 갈아 만든 것인 줄로 해석한 것이다! 물론 판매는 형편없었다.

유럽의 건조수프 제조업체들은 라벨에 변화를 주어 미국에서의 판매 문제를 해결한 적이 있다. 제품 자체를 바꾸려 애쓰는 대신, 제품이 다른 용도로도 쓰일 수 있다는 점을 라벨에 써넣었다. 미국 판매용 건조수프와 유럽 판매용 건조수프는 내용물도 똑같고, 포장방식도 똑같았지만, 각기 다른 라벨이 부착되었다. 미국 판매용 제품의 라벨에는 이 제품을 소스나 양념으로도 사용할 수 있음을 강조했다. 수프 외의 용도를 강조한 후, 예상대로 미국에서의 판매량은 상당히 늘어났다.

때로는 포장용지가 문제를 일으킬 수도 있다. 뉴욕의 한 수출업자는 아랍 국가에 몇 가지 상품을 보내면서 별 생각 없이 미국 신문지로 포장을 했다. 아랍 세관의 조사관은 그 상자를 열어보고는 상품을 싸고 있던 신문이 유대계 신문인 것을 알게 되었고, 결국 구매자는 체포되었으며 상품은 몰수당했다.

또 다른 미국 회사도 중동 국가와 거래를 하며 큰 실수를 저질렀다. 공들여 준비한 사업제안서를 사우디아라비아로 보내면서 하필 그 제안서의 표지를 돈피(豚皮)로 묶은 것이다. 결국 상대방은 그 제안서를 읽어보지도 않았다. (이슬람교도들은 돼지로 만들어진 물품은 만져서도 안 된다.)

숫자도 잘못 사용하면 실수로 이어지는 또 하나의 원인이 된다. 각 나라마다 행운의 숫자와 불운의 숫자가 있는데, 불운의 숫자를 사용하면 정말 불운해질 수 있다. 예를 들어 미국의 한 골프공 제조사는 일본에서 4개가 한 세트로 된 골프공을 판매하려 했다. 하지만 일본어로 4라는 숫자의 발음은 '죽음'이라는 단어와 비슷했기 때문에 문제가 발생했다. 일본 사람들은 숫자 4를 꺼렸고, 결국 4개가 한 세트인 제품은 잘 팔리지 않았다.

한 미국 항공사는 일본 - 하와이 간 왕복노선에서 엉뚱한 성공을 경험했다. 회사가 관찰한 바에 따르면 어떤 기간에는 비행기 좌석이 전석 매진되는데, 어떤 기간에는 거의 텅 비는 것이었다. 얼마간의 시간이 지난 후 항공사는 문제의 원인을 알게 되었다. 일본인들은 대개 전통적인 길일을 택해 혼례를 올렸다. 이런 '길일'의 기간에는 자연히 신혼여행을 떠나는 신혼부부가 많았고, 그들이 가장 선호하는 신혼여행지는 하와이였던 것이다. 그 후 탑승객의 숫자를 맞추기 위해 신혼여행객들이 별로 없는 기간에는 할인요금을 적용하기 시작했다.

색상의 선택에도 유의해야 한다

제품과 포장의 색상을 선택하는 일은 매우 어렵다. 해외에서 상품 판매에 실패해 놓고도 기업 측에서 그 이유를 전혀 알 수 없는 경우가 있는데, 사실 그 이유는 아주 단순할 때가 많다. 즉, 제품이나 포장용기의 색상이 적절하지 못했던 것이다.

예를 들어보자. 빽빽한 정글이 있는 국가에서는 '초록색'이 질병과 연결되는 한편, 프랑스, 네덜란드, 스웨덴에서는 초록색 하면 화장품을 떠올린다. 죽음을 표현하는 색상도 여러 가지이다. 미국과 유럽에서는 검정색이 죽음을 의미하는 반면, 일본을 비롯한 많은 아시아 국가에서는 흰색이 죽음을 의미한다. 그러나 가나 사람들에게 흰색은 기쁨을 나타내는 색이다. 라틴 아메리카 사람들은 일반적으로 보라색을 죽음과 연결시키는데, 코트디브아르 사람들에게 상(喪)을 나타내는 색은 진한 빨강색이다. 노랑색이나 주황색 같은 밝은 색상은 많은 나라에서 기쁨을 상징한다. 세계 대부분의 지역에서 파랑은 남성의 색으로 여겨지지만, 영국과 프랑스에서는 파랑보다는 빨강을 더 남성적인 색상이라 생각한다. 또한 이란에서는 파랑을 좋지 않은 색으로 본다. 미국인들은 가장 여성적인 색상으로 분홍색을 꼽지만, 다른 나라 사람들은 노랑색이야말로 가장 여성스런 색이라고 생각한다. 일부 아프리카 국가에서는 빨강색을 불경스럽게 생각하지만, 다른 곳에서는 일반적으로 빨강색을 부(富)와 사치를 나타내는 색으로 보기도 한다. 겉포장에 붉은 원이 그려져 있는 제품들은 라틴 아메리카에서는 성공적으로 판매되었지만, 아시아의 일부 지역에서는 그리 인기가 없었다. 왜냐하면 그 표시는 일본의 국기를 떠올리게 하기 때문이다.

라벨에 흔히 쓰이는 꽃 그림이나 사진에도 숨겨진 의미가 있을 수 있기 때문에 역시 주의를 기울여야 한다. 프랑스와 영국의 영향을 받은 많은 국가들에서 흰 백합은 주로 장례식에 쓰이는 꽃이다. 그러나 멕시코 사람들은 주문을 걸 때 백합을 사용한다. 브라질 사람들은 보라색 꽃이 죽음을 상징한다고 생각하고, 멕시코 사람들에게는 노란색 꽃이 죽음이나 무례를 뜻한다. 한편 프랑스와 소련에서 노란색 꽃은 배신을 의미한다.

유나이티드 항공사(United Airlines)는 홍콩 출항 초기에 문제를 겪었다. 많은 아시아인들에게 흰색 카네이션은 죽음이나 불운을 상징했는데, 항공사에서는 이런 사실을 모르고 손님들에게 흰색 카네이션을 건넨 것이다. 유나이티드 항공사는 서둘러 흰색 카네이션을 붉은색 카네이션으로 교체했다.

- 현지에서 공장을 세울 장소와 시설 배치에 대한 철저한 사전조사가 필요하다.
- 제품과 포장의 현지화는 반드시 필요하다.
- 숫자나 색상의 선택에도 유의해야 한다.
- 적절한 지역을 선정하여 사전에 반드시 시장성 테스트를 실시해야 한다.

외국 현지에서 제품을 생산할 때, 혹은 외국으로 제품을 수출할 때 크게 유의해야 할 점들이 있다. 우선 현지에 공장을 세울 경우, 적절한 위치를 선정하고 시설을 효율적으로 배치할 수 있도록 해당 지역에 대한 사전조사를 철저히 실시해야 한다. 그리고 제품이나 포장의 현지화가 반드시 필요하다. 해당 지역의 생활습관이나 현지인들의 취향을 제품에 반영해야 실수를 줄일 수 있으며, 숫자나 색상을 선택할 때도 현지의 관습에 유의해야 한다.

사전에 외국 현지의 시장성 테스트를 실시함으로써 제품 생산과 관련한 실수를 막을 수 있다. 시장성 테스트는 아주 까다로운 작업이며, 완벽한 조사란 있을 수 없다. 그중에서도 가장 어려운 것은 최선의 테스트 대상 지역을 선정하는 일이다. 모든 지역에서 모든 제품을 테스트할 수는 없으므로 보통 한 국가나 지역을 대표하는 곳을 샘플로 선정하는데, 가능한 한 가장 적절한 지역을 선정해야 한다. 그러나 이는 말과 같이 쉽지 않다. 사실, 여러 지역에서의 테스트 결과를 조합하는 것이 좀더 바람직하다. 어쨌든 시장성 테스트는 필수이다. 따라서 기업에서는 한 곳이든, 몇 곳이든, 적절한 지역을 선정하여 시장성 테스트를 반드시 실시해야 한다.

Chapter 3

작명상의 실수

아메리칸 모터즈사(American Motors Corporation)의 '마타도르(Matador)'는 남성다움과 힘의 이미지를 떠올리게 하지만, 푸에르토리코에서는 '살인자'라는 의미였다. 따라서 교통사고 사망률이 높은 그 나라에서는 전혀 좋은 인상을 줄 수가 없었다.

셰익스피어는 "이름이 대관절 무엇이기에?(What's in a name?; 희곡 <로미오와 줄리엣>에서 줄리엣의 대사 한 구절 - 옮긴이)"라고 물은 적이 있다. 국제 마케팅을 조금이라도 경험한 사업가라면 아마도 이렇게 대답할 것이다. "생각보다 훨씬 더 중요하오"라고. 일견 아무런 문제가 없어 보이는 이름도 모욕적이거나 무안한 뜻을 담고 있을 수 있다. 제품 이름과 회사 이름 모두 이런 난처한 상황의 희생양이 될 수 있다.

이 이름이 그런 뜻으로 해석된단 말이야?

의도하지 않았는데도 제품의 이름에 다양한 의미가 숨어 있는 경우가 종종 있다. 세제류를 제조하는 한 대기업의 경험담이 전형적인 예가 될 것이다. 이 회사에서는 여러 나라에서 판매할 새로운 가루비누의 이름을 정하는 중에, 현명하게도 예비 제품명을 50개 주요 언어로 번역해보았다. 영어를 포함한 대부분의 유럽 지역 언어에서는 '품위가 있다'는 뜻이었다. 그러나 다른 언어에서는 이런 뜻으로 해석되지 않았다. 게일어로는 '노래'를, 플라망어(네덜란드어의 방언. 프랑스어와 함께 벨기에의 공용어 - 옮긴이)로는 '무관심'을, 아프리카의 어느 부족 언어에서는 '말(horse)'을 뜻했다. 페르시아어로는 '멍한' 혹은 '바보'를 뜻했고, 한국어로는 '미친 사람'이라는 뜻을 가지고 있는 단어와 발음이 비슷했다. 그리고 모든 슬라브계 언어에서는 음란하거나 불쾌한 뜻을 지니고 있었다. 결국 이 예비 제품명은 폐기되었다. 이 일화는 국제적으로 판매되는 상품의 이름의 중요성과 함께, 어떤 제품을 출시하기 전에 얼마나 주의 깊은 사전작업이 필요한지를 잘 보여준다.

| 당황스런 뜻으로 번역된 이름들 |

'골든 하프 슈피리어 필즈너(Golden Harp Superior Pilsner)'라는 상표는 발음하기 힘들다. 영어를 모국어로 사용하지 않는 사람이라면 더욱 힘들 것이다. 말레이시아에서 이 명칭은 발음하기가 매우 어려웠으며, 또한 맥주의 상표라고는 도저히 생각되지 않았다. 그리하여 오길비 앤 매더(Ogilvy and Mather; 다국적 광고기획사 - 옮긴이)에서는 제품의 이름을 '골디(Goldie)'로 줄이고 광고에 섹시한 금발머리 여성을 등장시켰다. 문제는 여전히 라벨에 "Golden Harp Superior Pilsner"라고 쓰어 있었다는 점이다. 즉, 말레이시아 사람이 "골디 주세요"라고 주문하면 바텐더는 맥주를 내주는 대신 그저 멍한 시선만을 보낼 뿐이었다. 결국 이 제품은 퇴출되었다.

비용 손실과 당황스러운 실수를 피하기 위해 요즘 점점 더 많은 기업들이 전문가들의 도움을 받는다. 아무리 거대하고 경험이 많은 기업이라 할지라도 제품 이름을 번역하는 어려움은 피해갈 수가 없다. 예를 들어, 코카콜라가 1920년대에 중국 시장 진입 전략을 세우던 때도 그러했다. 회사에서는 '코카 콜라'의 영어 발음 그대로 제품을 소개하고 싶어했다. 그리하여 번역자는 발음했을 때 '코카콜라'라고 들리는 한자 조합을 만들어냈다. 그리고 이 한자를 병뚜껑에 인쇄한 뒤, 시장에 내놓았다. 그런데 판매 수준은 형편없었다. 그 한자 조합을 번역해보면 '밀랍이 납작해진 당나귀' 혹은 '밀랍 올챙이를 깨물어봐요'라는 우스꽝스러운 뜻이었다. 중국에서 코카콜라는 새로운 제품이었기 때문에 소비자들에게는 상표의 음보다 뜻이 훨씬 중요했다. 최근에 코카콜라는 중국 시장에 새롭게 진입했다. 코카콜라의 새로운 한자 제품명인 '可口可樂'은 '입 안의 행복'이란 뜻이다. 과거의 시장 진입 시도를 통해 코카콜라는 국제 마케팅에 있어 값진 교훈을 얻었던 것이다.

올림피아(Olympia)사는 칠레에 '로토(ROTO)'라는 이름의 복사기를 출시하려 했다. 그러나 이 복사기는 잘 팔리지 않았다. 왜일까? 두 가지 이유가 있을 수 있다. (1) roto라는 단어는 스페인어로 '고장난'이라는 뜻이다. (2) roto라는 단어는 칠레에서 가장 하층 계급을 일컫는 말이다.

일본의 한 대규모 여행사는 잘못 번역된 이름 때문에 곤란을 겪은 일이 있었다. 영어권 시장에 처음 진입했을 때, 그 여행사로 자꾸만 섹스 관광에 대한 질문과 요청이 들어오는 것이었다. 회사에서는 마침내 그 이유를 알아냈는데, 바로 회사의 명칭인 킨키 니폰 여행사(Kinki Nippon Tourist Company) 때문이었다. (일본어 Kinki와 발음이 같은 영어 단어 kinky는 '변태적인, 성도착의'라는 의미이다 - 옮긴이) 그 회사는 결국 이름을 바꾸었다.

일부 자동차 제조업체들도 이와 비슷한 상황을 경험했다. 사실, 해외에서 판매되는 자동차 이름은 종종 문제를 일으켰다.

예를 들어, 미국의 승용차 '랜단(Randan)'은 번역에 어려움이 있었다. 일본인들에게 이 명칭은 '바보'라는 의미로 해석되었던 것이다. 아메리칸 모터즈사(American Motors Corporation)의 '마타도르(Matador)'는 남성다움과 힘의 이미지를 떠올리게 하지만, 푸에르토리코에서는 '살인자'라는 의미였다. 따라서 교통사고 사망률이 높은 그 나라에서는 전혀 좋은 인상을 줄 수가 없었다. '아파치'라는 이름의 픽업트럭은 아파치족을 제외한 대부분의 아메리카 원주민들에게 별로 인기가 없었다.

이런 식의 문제는 쉐비(Chevy; 제너럴 모터스가 제작한 시보레 자동차의 애칭 - 옮긴이)가 이미 겪은 일이었으니 새로운 것도 아니었다. 스튜드베이커(Studebaker)사에서는 1927년에 Dictator(독재자)라는 이름의 차를 출시했으나, 이탈리아와 독일의 정치상황이 세계의 관심을 받던 무렵인 1936년이 되자 이 라인의 생산을 중단해야 했다.

일본의 자동차회사 닛산(Nissan)의 경영진은 자사의 스포츠카인 '페어 레이디(Fair Lady)'의 미국 진입 초기 판매 실적이 너무도 실망스러웠던 이유를 조사해보았다. 그 결과 '페어 레이디'라는 명칭이 전혀 스포츠카답지 않았기 때문임을 알게 되었다. (Fair Lady는 '아름다운 여인'이라는 뜻이다 - 옮긴이) 그리하여 차의 명칭을 '240Z'라고 바꾸었는데, 그 후 그 기종은 닛산이 지금까지 출시했던 자동차 중 가장 성공한 제품이 되었다.

포드사 역시 차의 이름 때문에 곤란을 겪었다. 포드에서는 일부 라틴 아메리카 국가에 '피에라(Fiera)'라는 이름의 저가 트럭을 출시했다. 그런데 불행히도 이 명칭은 스페인어로 '늙고 추한 여자'라는 뜻이었다. 말할 필요도 없이 이런 명칭으로는 판매가 잘 될 리 없었다. 포드사는 최신식 자동차인 카밋(Comet)을 Caliente라는 이름으로 멕시코에서 출시했을 때도 판매 부진을 경험했다. 이해할 수 없을 정도로 판매가 부진했던 이유는 바로 caliente라는 단어가 속어로 매춘부를 뜻하기 때문이었다. 포드의 핀토(Pinto) 기종이 영어 이름 그대로 브라질에 잠시 출시된 적이 있었는데, 그때도 골머리를 앓았다. Pinto라는 단어를 포르투갈어로 번역하면 '남성의 조그만 음경'을 뜻한다는 것을 알게 된 포드사는 서둘러 차의 명칭을 Corcel(포르투갈어로 '말'을 뜻함)로 바꾸었다.

롤스로이스(Rolls-Royce)사는 독일에서 판매할 신차의 이름을 짓느라 힘겨운 과정을 겪었다. '실버 미스트(Silver Mist)'라는 영어 이름은 소비자의 관심을 꽤 받은 편이었는데, 독일 시장에서는 예상했던 것만큼 큰 주목을 받지 못했다. mist(안개)라는 영어 단어를 독일어로 번역한 결과 '똥'이라는 의미가 있었던 것이다. 그러니 독일 사람들이 그 이름에 매력을 느낄 리가 없었다. 그 후에도, 썬빔(Sunbeam Corporation; 미국의 가전제품 제조업체 - 옮긴이)사는 mist라는 단어의 번역에 이런 문제가 있다는 것을 모르고 스프레이형 헤어컬링 아이롱 신제품 '미스트-스틱(Mist-Stick)'을 독일 시장에서 광고하고 판매하기 시작했다. 미리 예상했어야 했지만, 독일인들은 '똥' 혹은 '거름' 막대기에 전혀 관심을 보이지 않았다.

1980년대 초반, 한 독일의 맥주 제조업체는 서아프리카 지역에 EKU라는 이름의 새로운 브랜드를 시판했다. 그러나 판매가 고르지 않았다.

회사가 그 원인을 알아내는 데는 2년이 걸렸다. 외국인들과 일부 현지 부족들은 이 맥주를 구매했으나, 한 부족의 사람들이 전혀 구매를 하지 않았다. EKU라는 표현은 이 부족 내에서 '똥'을 뜻하는 속어였던 것이다. 이 단어의 숨은 뜻이 알려지면서 다른 부족의 사람들과 외국인들까지도 이 제품을 덜 마시게 되었다. 그러나 한편으로 많은 현지인들은 외국 사람들이 그 뜻을 모른 채 이 맥주를 마시는 광경을 보고 재미있어 했다. 당연한 일이지만 그 이름은 결국 교체되었다.

때로는 제품의 원래 이름을 현지어로 번역하지 않은 채 외국 시장에 내놓는 경우도 있다. 이 방법이 통용될 때도 있으나, 별 효과를 보지 못할 때도 있다.

한 다국적기업의 예를 들어보자. 이 회사에서는 제품명 중 하나를 '그랩 버킷(Grab Bucket)'이라고 짓고 지속적으로 판매를 시도했다. 그러나 억울하게도 독일에서 이 이름은 '성묘용 꽃다발'을 의미했고, 회사는 결국 엉뚱한 것을 광고한 셈이 되었다. grab이란 단어는 독일어로 '무덤(영어로는 grave - 옮긴이)'이라 해석되었고, bucket은 마치 '꽃다발(영어로는 bouquet - 옮긴이)'이란 단어처럼 들렸다. 이런 언어적 혼동으로 인해 회사는 상품을 세상에 제대로 알리지 못했다.

'빅스(Vicks)'라는 감기약이 독일에서 처음 시판되었을 때, 그 제약회사는 독일어에서 v가 f로 발음된다는 사실을 뒤늦게 알고 당황했다. 그 단어는 '성적 삽입'을 뜻하는 독일어와 발음이 같았던 것이다. 독일에서 발생한 이름과 관련된 또 다른 실수로는 '퍼프(Puff)' 티슈의 경우가 있다. 독일어로 puff는 속어로 매춘 장소를 뜻했다. 포드 자동차가 독일에 '프로브(Probe)'를 출시했을 때도 이런 속어 때문에 번역을 잘못하는 실수를 저질렀다. '프로브'를 독일어로 번역하면 '시험' 혹은 '연습'이라는 뜻이었다. 이 때문에 소비자들은 제대로 된 제품이 아닌 시험용 차를 구매하는 것 같은 생각이 들었다. 포드 자동차 독일 지사의 전 직원은 신차의 이름을 지으면서 발생할 수 있는 실수를 막아보려고 최선을 다해 점검, 또 점검을 했음에도 불구하고 결국 이런 실수가 벌어졌다니, 정말 모순적이지 않은가.

다른 많은 기업에서도 비슷한 함정에 빠진 경험이 있다. 라틴 아메리카에 제품을 수출한 한 미국 회사는 자사 제품의 이름이 스페인어로 '숫당나귀 기름(jackass oil)'이란 뜻이라는 사실을 알고 무척 당황했다. 또 다른 기업은 브라질에서 '에비톨(evitol)'이란 이름으로 샴푸를 판매했는데, 그 의미가 현지 언어로 '비듬 피임약'이었을 줄은 꿈에도 몰랐다. 한 제조업체는 소련에서 '바르닥(Bardak)'이란 이름으로 기계를 판매했는데, 이 명칭은 러시아어로 '매음굴'을 의미했다. 스웨덴 시장에서 성공을 거두지 못한 어떤 미국 제품의 이름은 실제와 전혀 다르게 '관장약'이라고 번역되기도 했다. 켈로그(Kellogg)사는 해외 시리얼 시장에서 그런대로 선전을 거두고 있었으나 스웨덴에서는 '브랜 버즈(Bran Buds)라는 상품의 이름을 바꿔야 했다. 왜냐하면 제품명이 '불탄 농부'라는 의미로 잘못 번역되었기 때문이다. 파커 펜(Parker Pen)사는 세계 각국에서 '조터(Jotter)'라는 이름의 제품을 판매했지만, 일부 라틴 아메리카 국가에서는 다른 명칭으로 이 제품을 출시했다. 왜냐하면 Jotter는 '남자 운동선수용 국부 서포터'를 의미할 수도 있기 때문이었다.

한 핀란드의 맥주회사는 미국에 '코프(Koff)'와 '시프(Siff)'라는 이름으로 신제품 맥주 두 종류를 시판했다. 판매가 저조했던 것은 당연한 일이다. (Koff는 cough(재채기)라는 영어 단어와 발음이 똑같고, Siff는 sniff(코로 킁킁거리다)라는 단어와 발음이 비슷하다. 혹은 stiff(술주정뱅이)라는 단어와도 비슷하다 - 옮긴이) 유럽에서 팔리던 맛있는 초콜릿 제품도 이름 때문에 미국에서는 별로 인기를 얻지 못했다. 그 제품은 "Zit!"란 바람직하지 않은 영어 이름을 달고 있었던 것이다. (zit은 '여드름'이란 뜻이다 - 옮긴이) 프랑스의 소프트드링크 제품의 이름인 '식(Sic)', 핀란드산 승용차 문 동결방지제품의 이름인 '슈퍼 피스(Super Piss)', 스페인산 포테이토칩의 이름인 '범(Bum)'도 아마 미국에서는 잘 팔리지 않을 것이다. (sic은 '아프다'라는 뜻인 sick과 발음이 같고, piss는 소변, bum은 건달을 뜻한다 - 옮긴이)

한 중국 기업에서는 다음과 같은 브랜드명으로 미국 시장에 제품을 출시한 적이 있다. '화이트 엘리펀트(White Elephant)'라는 건전지, '씨 큐컴버(Sea Cucumber)'라는 셔츠, '맥시푸케(Maxipuke)' 카드(중국어로 '푸케'는 2음절의 단어로 '포커'를 의미한다), '팬지(Pansy)'라는 남성용 속옷 등이 그것이다. (영어로 white elephant는 '성가신 물건'이라는 뜻을 내포하고 있고, sea cucumber는 '해삼'이며, puke는 '구토하다'라는 뜻이고, pansy는 동성애 남성을 의미한다 - 옮긴이)

오스트레일리아의 한 맥주회사는 자국에서 Four X라고 읽히는

XXXX 맥주를 인기리에 판매하고 있었다. 회사는 이 맥주를 미국에 수출하려는 계획을 세웠는데, 미국에는 이미 Fourex라는 상표의 유명한 콘돔이 판매되고 있었다.

또 다른 예로 애완동물용 우유를 판매하는 미국 회사가 겪은 어려움도 있다. 이 회사는 프랑스어를 사용하는 지역에 이 제품을 내놓으면서 곤란을 겪었다고 한다. 영어로 '애완동물'을 뜻하는 pet이 프랑스어로는 '방귀를 뀌다'를 의미했던 것이다. 콜게이트-팜올리브(Colgate-Palmolive)사도 프랑스어를 쓰는 지역에 Cue라는 품명의 치약을 가지고 진출하려 했으나 위의 경우와 비슷한 어려움을 맞게 되었다. cue는 프랑스어로 외설스러운 의미를 지니고 있던 것이다.

한 미국 여성은 코카콜라사에서 근무하며 잊지 못할 경험을 했다. 그녀는 멕시코에서 근무할 때 '프레스카 소다팝(Fresca soda pop)'의 시음용 샘플을 행인들에게 나눠준 적이 있었는데, 이상하게도 지나가는 사람들이 자신의 모습을 보며 웃는 것이 아닌가. 그녀는 나중에야 그 이유를 알게 되었는데, 멕시코에서 fresca라는 단어는 속어로 레즈비언이라는 뜻이었다.

국내에서 성공한 제품명이라도 외국에 시판하기 전에는 반드시 해당 시장에서의 언어 차이에 대해 정밀한 조사를 해야 할 필요가 있다. 그러나 불행히도 기업들은 해외 마케팅에 일단 뛰어들고 보자는 열정으로 이 간단한 경고를 종종 무시한다. 국내에서 성공을 거둔 제품이므로 당연히 외국에서도 똑같은 반응을 얻을 것이라 생각하는 경우가 많다. 그러나 다음의 예가 보여주는 것처럼 항상 그렇지는 않다.

　미국의 가정용품 제조업체인 프린세스 하우스웨어즈사(Princess Housewears, Inc.)에서는 가전제품 라인을 독일 시장에 출시했다. 이 회사의 브랜드명은 미국에서 유명했고 높이 평가받고 있었지만, 독일에서는 상대적으로 알려지지 않았다. 그런데 알고 보니 저조한 판매의 진짜 원인은 회사 이름이 너무 미국식으로 발음되었기 때문이었다. 독일 소비자들은 미국이 연상되는 제품을 싫어했던 것이다.

　한 제품을 여러 나라에 출시할 때, 어떤 곳에서는 성공을 거두기도 하고, 어떤 곳에서는 그렇지 못하기도 한다. 존슨 왁스사(Johnson Wax Company)는 '플레지(Pledge)'라는 제품을 독일에서 '프론토(Pronto)'라는 이름으로 시판하여 성공을 거두었다. 그러나 네덜란드에서 출시한 제품명 Pliz는 문제가 되었다. 네덜란드어로 '플리즈(Pliz)'라는 단어는 '소변'이라는 단어와 발음이 아주 비슷했던 것이다. 소비자가 가게에 들어가 이 제품을 달라고 말하기가 힘들었을 법도 하다.

　어떤 경우에는 쉬운 방법으로 제품명을 바꿀 수 있다. 예를 들어 리글리(Wrigley; 미국의 껌 생산업체 - 옮긴이)사는 Spearmint(스피어민트) 껌을 독일에 시판하면서 Speermint라고 스펠링만 바꾸어서 독일어로도 껌의 향기를 잘 발음할 수 있도록 했다. Maxwell House(맥스웰 하우스)의 경우는 약간 어려웠다. 그 이름은 독일에서는 Maxwell Kaffee, 프랑스에서는 Legal, 스페인에서는 Monky라고 변경되었다.

　이렇게 기업들은 제품의 이름을 바꾸면서 실수를 저지르기도 하고, 이름을 바꾸지 않아서 실수를 하기도 한다. 그러나 "해도 문제, 안 해도 문제"라고 치부해서는 안 된다. 시장에 진입하기 전에 이름에 대해 충분히 논의한다면, 실수의 가능성도 줄어들 것이다.

| 외설스러운 뜻을 지닌 이름들 |

잘못 번역된 제품명들이 음란한 의미를 지니게 되는 경우도 많다. 아래에서는 그런 실수 중 몇 가지를 소개하도록 하겠다.

버즈 아이(Bird's Eye)사는 물고기 사료 제품명으로 사용하려던 단어가 다른 나라에서 '생식기'라는 뜻으로 번역된다는 것을 다행스럽게 미리 알아 취소했다. 그러나 모든 기업들이 이런 행운을 갖는 것은 아니다. 한 유명한 석유회사에서는 제품명으로 선택한 단어가 외설적인 뜻을 갖는다는 것을 알고 당황한 경험이 있다. 이 회사는 인도네시아에 공장을 건설하고서 '노녹스(Nonox)'라는 이름의 기계를 생산했다. 이 '노녹스'라는 이름은 자바의 은어 nonok과 비슷하게 들렸는데, 그 의미는 여성 신체의 '은밀한 부분'을 뜻하는 것이었다. 회사가 이 사실을 알고 나서 얼마나 안절부절 못했을지 상상할 수 있을 것이다.

인도에서 시판할 얼굴용 크림 신제품에 '조니(Joni)'라는 이름을 제안한 직원들은 틀림없이 에로틱한 인도의 고전인 《카마수트라(Kama Sutra)》를 읽어보지 않았을 것이다. 만약 읽어봤다면, 힌두어에서 joni라는 단어는 여성의 신체에서 가장 은밀한 부분을 가리킨다는 사실을 알았을 것이기 때문이다.

마지막으로 남아메리카에 비타민제를 출시했던 한 회사의 예를 통해 제품의 이름이 의도하지 않았는데도 음란해질 수 있는 경우를 보도록 하자. 이 회사에서는 비타민제의 이름을 '펀더빗(Fundavit)'이라고 명명하고, 기본 비타민 필요량을 모두 충족시키는 제품이라면서 크게 선전했다. 그러나 곧 이름을 바꾸어야 했다. 그 단어는 매력적인 젊은 여성의 엉덩이를 가리키는 fundola라는 스페인어 단어와 비슷했기 때문이다.

| 불쾌한 뜻을 지닌 이름들 |

앞서 살펴본 바와 같이, 점잖지 못한 의미로 번역된 제품명으로 인해 기업들은 곤란한 상황에 처할 수 있다. 때로 기업에서는 외설적이지는 않지만 특정 집단의 사람들을 불쾌하게 만들거나 혹은 그 제품을 별로 사고 싶지 않게 만드는 이름을 선택하기도 한다. 한 예로, 미국에서 판매되었던 일본의 위스키 브랜드인 '블랙 니카(Black Nikka)'는 미국 흑인들을 비하하는 의미로 전달되었다. 국영기업에서 담배를 독점하고 있는 5개 나라(프랑스, 이탈리아, 포르투갈, 오스트리아, 일본)가 함께 국제 마케팅에 뛰어드는 무모한 시도를 했던 적이 있다. 이들은 '샴페인(Champagne)'이란 신규 브랜드를 개발하여 대대적인 판촉활동을 시작했다. 그러나 프랑스 정부는 이 사업에서 곤혹을 치렀다. 프랑스의 샴페인 제조업체들이 분개하여 국제 재판소에 소송까지 걸었던 것이다. 이들은 '샴페인'이란 명칭의 사용은 "매우 슬픈 일이며, 건강에 해로운 담배와의 연관으로 인해 우리의 이미지가 심각하게 손상되었다"고 주장했다.[1]

---

1 좀더 자세한 내용을 원한다면 캐롤린 파프(Carolyn Pfaff)가 쓴 '샴페인 담배, 골치를 일으키다(Champagne Cigs Cause Headache)'를 참고할 것. (*Advertising Age*, 1981년 3월 30일자, p.2)

리복(Reebok)은 '인큐버스(Incubus)'라는 이름의 새로운 여성용 스니커즈 상품을 출시했다. 그러나 중세 민담에서 Incubus는 잠자는 여성을 범하는 악마의 이름이었다. 리복은 이 신발의 판매를 중지해야만 했다.

회사 이름이 이상해!

기업들이 저지르는 실수가 제품의 이름에서만 그치는 것은 아니다. 회사 이름도 잘못 번역되면 웃음을 자아내기도 하고, 외설스러운 뜻을 갖기도 하며, 혹은 불쾌하고 의도하지 않았던 상황을 만들어낼 수도 있다. 몇 가지 예를 보면 다음과 같다.

커넬 샌더스(Colonel Sanders, KFC의 창업주)는 독일에서 치킨을 판매하며 저항에 부딪쳤다. 왜냐하면 일부 독일인들이 '커넬(Colonel; 대령 - 옮긴이)'이라는 명칭에서 미국 군대를 떠올렸는데, 독일인들은 미국 군대를 좋아하지 않았기 때문이다. 그리고 브라질 사람들에게는 '켄터키 후라이드 치킨'이라는 발음이 어려워서 '샌더스(Sanders)'라는 이름을 사용해야 했다.

이집트의 민간 항공사 '미즈에어(Misair)'는 프랑스 국적의 사람들에게 별로 인기가 없었다. 아마도 그 항공사의 이름이 프랑스어의 '비참한'이라는 단어(misère)와 발음이 비슷했기 때문이 아니었을까? 또 다른 항공사는 오스트레일리아에 진출하면서 회사의 이름을 EMU라고 지었는데, 복잡한 문제를 겪게 되었다. 오스트레일리아에 사는 새 중에 '에뮤(emu)'라는 새가 있는데, 날지 못하는 새였던 것이다. AMF사도 오스트레일리아에서 사업을 하며 회사명을 바꿔야 했다. 그 이유는? AMF는 오스트레일리아 육군의 공식 명칭이었던 것이다. 이와 비슷하게 시어스사(Sears)도 스페인에서 이 회사명을 사용할 수 없었다. 시어스는 스페인에서 좋은 평판을 들었지만, 카스티야 스페인어 발음으로 Sears는 Seat(스페인의 가장 큰 자동차 제조업체명)에 가깝게 들렸던 것이다. Seat사는 시어스사에게 모든 제품의 명칭을 Roebuck으로 통합하도록 했다. (시어스사의 정식 명칭은 Sears Roebuck이다 - 옮긴이)

마지막으로, 전세계적으로 배포되는 선물용 도자기 판촉을 위한 무역 잡지의 예를 들어보자. 이 잡지는 제목과 명칭의 일부로 gift라는 단어를 사용했다. 그러나 얼마 후 gift라는 단어가 독일어로는 '독(毒)'을 뜻한다는 사실이 알려졌다. 그러자 상기된 얼굴의 출판 담당자는 '독'이라는 독일어 단어를 바꿔야 한다면서 화를 냈다!

물론 모든 회사가 다 이름을 바꿔야 하는 것은 아니었다. 아무 문제없이 회사 이름을 잘 쓰고 있는 회사들도 있다. 코닥(Kodak)은 가장 유명한 성공적인 작명의 예이다. 연구팀에서 어떤 지역에서도 쉽게 발음할 수 있지만 아무런 뜻도 없는 이름을 개발한 것이다. 엑손(Exxon) 역시 오랜 기간 많은 돈을 들여 조사한 끝에 만들어진 이름이다.

- 제품 이름과 회사 이름의 현지화 역시 상품의 현지화만큼 중요하다.
- 미래 시장의 언어에 대한 신중한 계획과 연구가 반드시 필요하다.

다국적기업들은 해외에 진출하면서 회사 이름과 제품 이름 때문에 예상하지 못한 많은 문제를 경험한다. 예를 들어, 현지에서는 그 이름이 당황스럽고 무안한 뜻을 가질 수도 있고, 외설적인 의미를 지닐 수도 있으며, 특정 집단에게 불쾌감을 줄 수도 있다. 이름을 외국어로 번역하다가 그런 문제를 겪을 수도 있고, 외국어로 번역하지 않고 원래 이름 그대로 진출하려다 그런 문제를 겪기도 한다. 이런 경우, 당연히 그 기업이나 제품은 현지에서 좋은 인상을 줄 수 없기 때문에 시장에 진출하는 데 어려움을 겪을 수밖에 없다. 그리고 그런 실수를 만회하기 위해서는 상당한 시간과 비용이 소요된다.

따라서 제품 이름과 회사 이름을 현지화하는 것은 제품과 포장의 현지화만큼이나 중요하다. 진출하려는 시장의 언어와 관습에 대해 신중하고 철저하게 연구한 후 이름을 번역하거나 새로 지어야 한다.

Chapter 4

마케팅상의 실수

유나이티드 항공사의 광고 중에는 '우리는 동방을 잘 알고 있습니다'라는 문구를 사용한 것이 있었다. 광고에는 극동 지역 국가들의 이름이 인쇄되어 있었고, 각 국가명 밑에 그 나라의 동전이 나와 있었다. 그러나 안타깝게도 이 광고는 전혀 설득력이 없었는데, 동전과 해당 국가의 이름이 잘못 연결되어 있었던 것이다.

아마도 가장 복합적인 골칫거리를 경험하는 분야는 마케팅일 것이다. '안 좋은 일은 반드시 일어난다'라는 오랜 속담이 있는데, 마케팅 담당자들에게는 특히 와닿는 말이다. 아무리 사소한 마케팅 업무라 할지라도 실수는 일어나기 마련인 것이다. 초기의 마케팅 실수들은 국가마다 문화가 다르다는 사실을 망각했기 때문에 벌어졌다. 그러나 시간이 흘러도 같은 실수가 계속해서 일어나고 있다.

예를 들어, 한 남성용 향수의 인쇄용 광고에 미국 시골 마을을 배경으로 남자와 개가 함께 있는 사진이 실렸다. 미국에서 이 사진은 호평을 받았다. 그러나 북아프리카 지역에서는 그렇지 못했다. 광고를 만든 사람은 세계 어디에서든 미국에서처럼 개를 '인간의 가장 친한 친구'로 여길 것이라고 생각했다. 그러나 무슬림들은 개를 불운의 징조, 혹은 더러움의 상징으로 여긴다. 둘 중 어떤 해석도 향수의 판매에는 도움이 되지 않았다.

P&G사는 일본에서 비누를 판매하며 실수를 저질렀다. 그 회사는 유럽에서 인기리에 방송되었던 한 여성이 목욕하는 장면을 담은 광고를 방송에 내보냈다. 그 광고에서는 여성의 남편이 욕실로 들어와 만족스럽다는 듯이 그녀의 몸을 만져본다. 그러나 일본인들은 그런 행동이 적절하지 않다고 생각했으며, 더군다나 텔레비전 방송용은 아니라고 생각했다. 물론 일본에서 그 광고의 방송은 중단되었다. 그리고 그 사건으로 교훈을 얻은 P&G는 이제 일본에서 잘 해나가고 있다.

미국의 한 유명한 디자이너가 라틴 아메리카에서 새로운 향수를 시판하려 했다. 광고에서는 그 향수의 신선한 동백향을 강조했다. 그러나 라틴 아메리카 대부분의 지역에서 동백꽃은 장례식에 쓰이는 꽃이었으니 판매는 당연히 저조했다.

P&G사는 세탁용 세제인 '치어(Cheer)'를 일본에서 처음 광고할 때 이 세제가 '물의 온도와 상관없이' 세탁효과가 좋다는 점을 부각시켰다. 미국 소비자들은 원하는 바에 따라 다양한 온도의 물로 세탁을 했기 때문에 위와 같은 광고문구는 성공적이었다. 그러나 일본인들은 대부분의 의류를 모두 찬물에 세탁하므로 이 광고가 아무 의미가 없었다. 그래서 P&G에서는 새로운 접근법을 채택하여 이 세제는 찬물에서 월등한 세탁력을 자랑한다고 대대적으로 광고했다. 그 후 일본에서 치어는 아주 잘 팔리고 있다.

모든 실수가 자국에서 성공했던 마케팅이 외국에서도 성공할 것이라는 생각 때문에 저질러지는 것은 아니다. 때로는 판촉활동의 시기를 잘못 선택한 것이 문제가 되는 경우도 있다.

신제품을 출시하는 데 있어서 시기는 가장 중요한 고려사항 중의 하나이다. 대부분의 기업들은 이를 잘 알고 있으며, 또한 각 문화권마다 시간을 다르게 인식한다는 점도 알고 있다. 어떤 나라 사람들은 다른 나라 사람들보다도 시간에 더 민감하다. 그러므로 시간을 연장할 경우에는 분배를 잘해야 하고, 모든 일들이 계획한 대로 완료될 수 있도록 주의를 기울여야 한다. 이런 점을 잘 알고 있던 한 기업은 모든 업무에 있어 시간을 철저하게 정해놓았다. (적어도 그렇게 했다고 생각했다.) 그리고 제품의 출시에 맞춰 여러 종류의 판촉활동도 준비해놓았다. 그러나 중요한 한 가지, 바로 제품 자체에 소홀했다. 그리하여 상품의 출시 시기가 불확실해져버렸고, 결국 비싼 돈을 들여 공들여 계획한 판촉활동이 전부 무용지물이 되었다.

이스라엘 관광청은 네덜란드에 내보내려 했던 광고 캠페인을 연기한 적이 있다. 광고의 내용은 텔아비브와 예루살렘의 거리가 '돌을 던지면 닿을 만큼' 가깝다는 것이었다. 그러나 광고를 하려고 한 시기가 문제였다. 당시 이스라엘에서는 실제로 돌을 던지는 일이 벌어지고 있었던 것이다!

그 나라에선 어떻게 판촉을 해야 효과적일까?

판촉활동이 불발로 끝나는 경우가 있다. 그러나 그중에는 미리 피할 수 있었던 실수도 있다. 한 화장품회사는 일본에서 립스틱을 판매하면서 네로 황제가 등장하는 텔레비전 광고를 사용했다. 이 립스틱을 바르고 걸어가는 미인을 보고 네로 황제가 소생한다는 내용이었다. 그러나 그 광고는 판매에 별 도움이 되지 않았다. 일본 여성들은 네로 황제를 잘 몰랐기 때문이다. 판촉활동에 역사적 인물을 이용하려 한다면, 현지 소비자들이 잘 아는 인물인지를 먼저 고려해야 한다.

후버(Hoover) 진공청소기는 최근에 그 회사의 역사상 최대로 손꼽히는 실수를 저질렀다. 그 실수로 인한 재정적 손실을 아직도 다 '청소하지' 못했을 정도이다. 후버 영국 지사는 영국이나 아일랜드에 거주하는 사람이 후버 진공청소기를 구매하면 누구에게나 두 장의 외국행 비행기표를 주겠다고 약속했다. 문제는 비행기표의 가격이 진공청소기의 가격보다 더 비싸다는 사실이었다. 그리하여 회사의 예상을 훨씬 뛰어넘는 수의 소비자들이 청소기를 구입했고, 회사는 약속을 지키기 어렵게 되었다. 비행기표를 받지 못하여 화가 난 소비자들은 이 회사를 고소하기에 이르렀다. 후버사는 어떻게든 실수를 만회해보려고 협상에 조건을 달았다. 7천2백만 달러를 들여 2십2만 명에게 비행기표를 지급한 후 소송이 끝나기를 희망했으나, 그리고도 3십6만5천 명이 넘는 소비자들이 비행기표를 받지 못한 상태였다. 이 사건으로 후버 영국 지사의 최고경영진 3명은 즉각 해고되었다.

좀 다른 경우로, 한 미국 기업이 아시아 기업과 함께 합작투자를 하기로 한 적이 있었다. 모든 일이 순조롭게 진행되는 듯했다. 그들은 대규모의 공장을 세우고 동시에 대대적인 판촉활동을 벌이자는 계획을 세웠다. 생산공정은 문제없이 진행되었다. 그러나 판촉활동에 제동이 걸렸다. 양측은 서로 상대방 회사가 판촉활동을 주재하고 비용도 댈 것이라 생각했다. 사실, 두 회사는 자국의 사업관행만 생각했지 상대방 회사의 사정은 받아들일 준비가 되어 있지 않았다. 두 회사 모두 판촉비용이 자신들의 몫이라는 사실을 미리 알았다면 투자에 합의하지 않았을 것이다. 결국 판촉활동은 착수되지 않았고, 합작투자는 깨지고 말았다.

미국에서 광고되는 상품은 전세계적인 영향력을 갖기 때문에 잠재적인 문제를 내포하고 있는 광고는 전세계적으로 부정적인 영향을 미칠 수 있다.

한 예로, 미국의 화장품회사인 클리니크(Clinique)는 엘릭시르(Elixir) 향수의 인쇄 광고를 실시했는데, 태국 정부로부터 그 광고에 불교를 모욕하는 내용이 담겨 있다는 불만의 편지를 받았다. <보그(Vogue)>지를 위시한 미국의 여러 패션잡지에 실린 이 향수 광고는 뱀이 불상의 머리로 기어 다니는 사진을 담고 있었던 것이다. 클리니크는 곧 이 광고를 중단하고 워싱턴에 있는 태국 대사관으로 자신들도 이 사진이 부정적으로 해석될 수 있다는 사실에 놀랐다는 내용의 사과문을 보냈다.

유나이티드 항공사가 동북아시아를 대상으로 실시한 광고 중에 '우리는 동방을 잘 알고 있습니다'라는 문구를 사용한 것이 있었다. 광고에는 동북아시아 국가들의 이름이 인쇄되어 있었고, 각 국가명 밑에 그 나라의 동전이 나와 있었다. 그러나 안타깝게도 이 광고는 전혀 설득력이 없었다. 동전과 해당 국가의 이름이 잘못 연결되어 있었던 것이다.

또 다른 미국 기업은 가짜 옛날 동전에 회사의 로고를 새겨 나눠주자는 판촉계획을 세웠는데, 이는 처음에는 훌륭한 계획인 듯 보였다. 이 동전을 좀더 진짜처럼 보이게 하려고 회사는 동전에 금전적인 가치를 부여하려 했다. 그리고 위조라는 혐의를 피하기 위해 말도 안 되는 10억 달러짜리 동전을 만들었다. 그 기업은 독일에서 열린 행사에서 이 동전을 사용했는데, 현지인들은 이 동전을 불쾌하게 생각했다. 그들은 이 회사가 미국의 부유함을 자랑하려 한다고 생각했고, 그 사실에 분개한 것이다. 만약 동전을 미국 달러가 아닌 독일 마르크로 만들었다면 좀더 효과적이었을 수도 있을 것이다.

여성운동이 활발해지면서, 많은 기업들이 여성에게 불쾌감을 주는 광고를 만들지 않기 위해 많은 노력을 기울이고 있다. 앞으로 일어날지 모르는 문제에 대처하지 않으면 나중에 구매거부운동 같은 커다란 어려움에 처할 수도 있기 때문이다.

예를 들어 캐나다의 퀘벡주에는 불건전한 광고를 감시하는 비평위원회가 있는데, 이 위원회에서는 1981년에 제1회 '성차별상'을 수여했다. 소니(Sony)의 광고가 이 상을 받았는데, 그 광고는 가슴이 큰 여성이 꽉 끼는 티셔츠를 입어 유두가 다 드러난 가운데 롤러스케이트를 타며 소니의 카세트를 손에 들고 있는 것이었다. 비평위원회는 이 광고에 등장하는 여성과 광고하는 제품이 전혀 연관성이 없다는 이유로 상을 주었다. 상을 탄 또 다른 광고는 P&G의 제품 '미스터 클린(Mr. Clean)'의 30초짜리 텔레비전 광고였다. 광고에 등장하는 어린 소녀는 오빠가 어질러놓은 난장판을 청소하고 있는데, 그녀의 오빠는 그 광경을 지켜보고만 있는 내용이었다. 비평위원회는 이 광고가 가사노동은 여성의 몫이며 여성은 남성을 위해 봉사해야 한다는 전통적인 성역할 고정관념을 강화하고 있다고 했다.

스페인에서 피아트(Fiat)사의 자동차 Cinquecento의 판촉활동은 기대에 어긋나는 결과를 맞았다. 회사에서는 '독립적이고 현대적인 일하는 여성'을 설득할 심산으로 여성들에게 익명의 러브레터를 보냈다. 그러나 현지 일간지인 <엘 문도(El Mundo)>의 보도에 따르면, 이 편지를 받은 여성들은 위협을 느꼈다고 한다. 마치 정신병자가 자신을 스토킹하고 있는 듯한 불안감을 느꼈으며, 부인에게 온 연애편지에 질투를 느낀

남편과 부부싸움까지 벌인 경우도 있었다. 그도 그럴 것이, 분홍색 편지
지에 적힌 편지는 개인 주소로 발송되었고, 받는 사람에 대한 칭찬 일색
에다 "나에게 당신은 얼마나 흥미롭게 보이는지 모른다"며 "작은 모험"
을 해보자고 꼬드기는 내용이었다.

나이키(Nike)사도 미국에서 곤란한 일을 경험했다. 텔레비전 광고에
다양한 나라의 사람들이 나와서 나이키의 광고문구인 "just do it"을 각
나라 모국어로 말하는 내용을 내보냈는데, 삼부루(Samburu)족 사람이
광고 속에서 말한 내용은 "이것 말고 좀더 큰 사이즈의 신발 줘요"라는
뜻이었다. 당연히 나이키의 경쟁사는 이 실수를 여기저기에 소문냈다.
나이키는 광고 속에서 각국의 사람들이 실제로 무슨 말을 했는지 직원들
도 알지 못했다고 인정했다. 그리고 그 사건을 교훈 삼아 앞으로는 좀더
주의 깊게 광고를 만들 것이다.

뉴욕의 헴즐리 팰리스(Helmsley Palace) 호텔에 묵을 만한 경제력을
갖춘 사람들이라면 인도의 타지마할(Taj Mahal)이 무덤이라는 사실 정
도는 알고 있을 것이다. 그러나 호텔 사주인 레오나 헴즐리는 자신의 호
텔을 타지마할에 비유하는 광고를 내보내고 말았다. 광고문구는 다음과
같다. "인도에 타지마할이 있다면, 뉴욕에는 헴즐리 팰리스가 있습니
다." 그리고 문구는 다음과 같이 계속된다. "왕족을 위한 서비스와 설비,
바로 우리의 고객인 당신을 위한 것입니다."

Chapter 2에서 제품과 포장의 색상이 적절하지 않을 경우 문제가 될

수 있다는 점을 이야기했다. 판촉활동에서도 색상이 문제가 된다. 예를 들어 싱어사(Singer Company)는 공들여 만든 옥외광고를 취소해야 했던 적이 있다. 광고를 막 하려던 차에 광고의 배경색인 파란색이 그 지역에서 죽음을 뜻한다는 사실을 알게 되었기 때문이다. 그나마 광고를 하기 전에 실수를 발견했으니 다행이었다. 싱어사는 판촉활동에 현지인들을 고용한 덕분에 잠재적인 실수를 피할 수 있었다.

맥도넬 더글러스사(McDonnell Douglas Corporation; 민간 항공기, 전투기, 우주선 등을 제조하는 미국 기업 - 옮긴이)는 인도의 잠재 고객들에게 배부하려던 소책자 때문에 뜻밖의 어려움을 겪었다. 소책자에는 터번을 두른 남성이 등장했는데, 인도인들은 그 사진을 수용하지 않았다. 사실 그 사진은 좀 오래된 <내셔널 지오그래픽(National Geographic)>에서 가져온 것이었다. 그러나 실제로 터번은 인도 남성들이 아닌 파키스탄 남성들이 두르는 것이었다!

말보로맨(Marlboro man; 미국의 담배 제조회사인 필립모리스의 브랜드 '말보로'를 상징하는 남성상 - 옮긴이)은 미국과 유럽에서 강한 남성상을 상징한다. 그러나 홍콩에서는 그런 이미지가 별로 성공적이지 않았다. 도시 사람들인 홍콩인들은 시골에서 말을 타고 있는 남성과 자신을 동일시하지 않았기 때문이다. 그리하여 필립모리스사는 재빨리 광고 속의 말보로맨을 홍콩 스타일로 교체했다. 새로운 말보로맨은 여전히 씩씩한 카우보이였으나, 좀더 젊고 옷차림도 말쑥했으며 트럭에다 토지까지 소유하고 있었다.

공산주의 국가에서 사업을 하는 것은 특히 어려운 일이다. 조금만 말을 잘못하거나 글을 잘못 써도 치명적인 일이 벌어질 수 있기 때문이다. 국가의 이름도 문제를 일으킬 수 있는데, 서구에서 부르는 명칭과 그 국가에서 스스로 지은 이름이 다를 수도 있기 때문이다. 국가의 명칭이 올바르게 표기되지 않았을 경우, 사람들은 그 외국 기업이 무신경하다고 생각하거나 심하게는 자신들을 모욕했다고도 생각한다. 예를 들어 한 스웨덴 기업은 영문 카탈로그에서 '조선민주주의인민공화국(People's Republic of Korea)'이라는 국명 대신 '북한(North Korea)'이라고 표기했다가 뒤늦게 바꿔야 한 적이 있었다.

1991년, 프랑스에서는 새로운 우표를 출시하면서, 지리학적인 실수를 저질렀다. 그 우표에는 이스터섬이 프랑스의 영토라고 나와 있었다. 그러나 이스터섬은 칠레의 영토였고, 당연히 칠레 정부는 이의를 제기했다. 이런 종류의 실수는 국가 간의 관계를 불편하게 만든다. 상호관계를 매우 중시하는 라틴 아메리카 국가들과는 더욱 그렇다.

유나이티드 항공사는 1982년에 마침내 일본으로의 취항을 허가받았지만, 회사의 초창기 광고 캠페인은 실패작이었다. 유나이티드 항공사 미국 본사의 홍보부 직원들은 고객들에게 새로운 항로를 보여주고자 했다. 그러나 불행히도 그들이 사용한 지도에는 일본 열도의 중요한 섬 하나가 빠져 있었다. 일본인들은 자신들의 영토 문제에 매우 민감하기 때문에 그 지도를 보고 굉장히 불쾌해했다. 그리고 유나이티드 항공사는 일본인들에게 무식하고 무분별한 회사로 비춰졌다. 사실 문제의 지도는 몇 장 복사되지도 않았지만, 이 실수는 일본에서 두 번째로 큰 신문의 헤드라인을 장식했고, 결국 유나이티드 항공사는 서둘러 사과를 해야 했다. 유나이티드 항공사가 인정했듯이, 이 지도가 공개되기 전에 도쿄 지사에 있는 사람들이 한 번이라도 지도를 살펴볼 기회가 있었다면 이런 실수는 벌어지지 않았을 것이다.

미국인들만 국제 마케팅에서 실수를 하는 것은 아니다. <뉴스위크(Newsweek)>지에 이탈리아 전화회사인 STET의 이미지 광고가 실린 적이 있었다. 이 광고를 통해 회사를 전세계적으로 알릴 목적이었던 것이다. 광고에는 호숫가에 중국 사원이 있고 로마의 아치형 건축물이 호수에 그림자로 비친 사진이 사용되었다. 그러나 이 광고는 별 효과가 없었다. 왜냐하면 사진 속의 중국 사원은 왼쪽과 오른쪽이 뒤집혀 있었다. 결국 사원 건물에 적힌 한자도 거울 속에 비친 것처럼 뒤집혀 있었다. 한자를 읽을 줄 아는 사람에게 이 사진은 그리 좋은 인상을 주지 못했다.

예전부터 써왔던 믿을 만한 판촉방법이라도 어떤 나라에서는 별 효과를 거두지 못할 수 있다. 예를 들어 옥외광고판이 그렇다. 중동 지역에서 옥외광고판의 설치는 합법적이지만, 그렇다고 해서 이 방법이 권장되는 건 아니다. 많은 외국 기업들이 중동 지역에서 옥외광고판을 사용하려다가 제품을 광고하기는커녕 자신들이 그 지역의 기후에 대해 무지하다는 사실만 들켰을 뿐이다. 중동 지역의 기후에서 옥외광고판은 길어야 2주 정도만 제대로 서 있기 때문이다.

어떤 기업들은 잘못된 언어로 자신들의 제품을 광고하기도 했다. 예를 들어 두바이에서는 인구의 10%만이 아랍어를 사용한다. 나머지 90%는 파키스탄, 인도, 이란 등지에서 온 사람들이다. 그런데도 유럽과 미국의 일부 기업들은 모든 중동 국가에서 아랍어를 쓸 것이라 생각하고 아랍어로만 자신들의 제품을 광고해오고 있다.

<타임(TIME)>지는 브라질 판에 스페인어로 된 광고를 실었다. 브라질에서 사용하는 언어는 스페인어가 아닌 포르투갈어라는 사실을 알지 못한 모양이었다!

| 언어나 심볼 등으로 인한 마케팅상의 실수들 |

판촉활동에 제대로 된 언어를 골랐다고 해도 그 언어가 담고 있는 메시지가 효율적이지 않은 경우도 많다. 맞는 언어를 사용하는 것과 그 언어로 의도된 메시지를 올바로 전하는 것은 전혀 다른 일인 것이다. 여기 아주 고전적인 예가 있다. 어떤 회사에서 아르헨티나의 부에노스아이레스 공항으로 가는 대로변에 있는 한 건물의 외벽을 빌려 다음과 같은 광고를 설치했다. '(   )와 함께라면 당신은 이미 거기 있습니다.' 그런데 이 광고를 설치한 건물은 공동묘지였다.

엉뚱한 곳에서 광고를 하는 일도 흔하다. 아말리 리파이닝(Amalie Refining)사의 광고는 수마일이나 잘못된 위치에 놓여 있었다. 즉, 스페인어로 적힌 광고게시판이 테네시주 녹스빌 근처 도로에 설치되어 있었던 것이다.

이슬람 사회에서 아랍문자는 매우 신성시된다. 이를 잘 설명하는 몇 가지 실수의 예가 있다. 그 가운데 하나는 아랍문자를 목욕용품에 인쇄했던 경우이다. 뉴욕의 크로실 홈패션즈사(Croscill Home Fashion, Inc.)에서는 심지어 자신들이 사용한 무늬가 글자인 줄도 몰랐다. 미국 - 이슬람 관계위원회(Council on American-Islamic Relations; 워싱턴에 있는 미국 내 이슬람 옹호단체 - 옮긴이)는 이 회사에서 무늬로 사용한 글이 품위 없는 뜻을 갖고 있다는 지적을 했다. 그 후 디자인을 바꾸느라 그 회사에서는 2만 달러에 달하는 큰 돈을 써야 했다. 어떤 목욕용품에는 이슬람교에서 잘 쓰는 표현인 '오직 신께서 승리하시니라'라는 문장이 꽤 선명하게 인쇄되어 있기도 했는데, 몸을 닦는 데 쓰는 수건에 이런 문장은 어울리지 않는 것으로 여겨졌다.

패션업계에서도 불행한 실수를 통해 교훈을 얻은 사례들이 많다. 1994년에 샤넬(Chanel)의 디자이너 라거펠트는 아랍문자로 장식한 여성 이브닝드레스를 신상품 컬렉션에 선보였다. 그는 이 옷이 이슬람 세계를 모욕한 것으로 받아들여질 줄 몰랐다. 무슬림 지도자들은 그 옷의 사진을 보며 그 옷감의 무늬야말로 "무슬림을 억누르기 위한 서구 세계의 새로운 십자군 전쟁의 한 단편"이라고 해석했다. 라거펠트는 샤넬 컬렉션에서 그 드레스들을 빼지 않을 수 없었다.

나이키도 아랍문자를 운동화 디자인에 사용하려고 했다. 신을 뜻하는 단어 '알라'와 비슷한 모양의 문자를 디자인에 넣은 것이다. 그러나 무슬림들은 종교적 상징을 신성시한다. 그들에게 흙에 더렵혀지며 사람이 신고 돌아다니다가 언젠가는 버려질 신발에 종교적 상징을 사용하는 건 안 될 말이었다. 그 로고는 불꽃같은 모양으로 신발 겉면에 장식되었고, 여름 시즌에 판매되었는데, Air Bakin', Air Melt, Air Grill, Air B-Que 등의 상품명을 달고 있었다. 이 실수를 발견한 미국 - 이슬람 관계위원회에서는 이런 로고를 사용한 데 대해 사과할 것을 나이키에게 요구했다. 나이키는 실수를 인정하고 발생한 오해에 대해 유감을 표명했다. 무슬림 단체의 한 멤버는 나이키에게 이슬람 문화에 대한 민감성 훈련 프로그램에 참가할 것을 권고했다.

국제무역박람회에 참가한 어떤 기업에서는 위치를 잘못 선정하여 다음과 같은 실수를 저질렀다. 회사 부스에 있는 출입금지구역을 표시하기 위해서 자동문 위에 다섯 손가락이 모두 쫙 펴진 손 그림을 부착했다. 그러나 놀랍게도 이는 예상치 않은 결과를 가져왔다. 현지인들은 그 그림을 보고 그림 속 손의 위치에 자신의 손을 대고 문을 열어야 한다고 생각했다.

심볼이나 로고로 인해 곤란을 겪은 회사들은 많다. 한 미국 회사는 브라질에서 마케팅을 하며 남성성의 상징으로 커다란 사슴을 사용했다가 크게 당황한 적이 있다. deer(사슴)라는 단어는 브라질에 있는 거리의 이름이기도 한데, 그곳은 동성연애자들이 많이 모이는 곳이었던 것이다. 또 다른 회사는 인도에서 판촉활동 중에 올빼미를 사용하는 실수를 저질렀다. 인도인들에게 올빼미는 불운을 상징했던 것이다. 결국 그 회사는 불운을 겪었으니 그 의미가 맞는 것이기도 했다.

　방글라데시의 수도 다카에 사는 무슬림들이 분개하여 신발 상점을 점거한 일이 있었는데, 그 이유는 톰 맥캔(Thom McAn; 신발유통업체 - 옮긴이)에서 일부 샌들 위에 '알라'라는 아랍문자를 사용하는 실수를 저질렀기 때문이다. 무슬림들은 서구 기업이 자신들의 종교를 모욕했다고 생각했다. 경찰이 동원되어 폭동을 저지했지만, 한 명 이상이 숨지고 50여 명이 다친 후에야 혼란은 종료되었다.

　손가락으로 만드는 OK 사인을 다른 나라에서 사용하다가 문제를 겪은 미국 기업도 있다. 이 사인은 미국 내에서는 좋은 메시지를 담고 있지만, 다른 나라에서는 상스런 의미를 지니고 있기도 하다. 그러니 다른 나라에서 판촉활동을 하거나 의사소통을 할 때는 아예 OK 사인을 사용하지 않는 것이 좋다.

　몇 년 전, 일본의 철강회사인 스미토모(Sumitomo)사는 미국 시장에 신제품 쇠파이프를 출시했다. 스미토모는 도쿄에 있는 일본 광고회사에게 제품의 광고를 맡겼다. 제품의 이름은 '스미토모 하이 터프니스(Sumitomo High Toughness)'였는데, 이 이름을 줄인 SHT를 굵은 고딕체로 써서 광고하기로 했다. 굵고 선명한 SHT라는 글자가 무역잡지 전면광고 페이지의 3분의 2를 차지하고 있었다. 광고 페이지의 하단에는 다음과 같은 간단한 제품 설명이 적혀 있었다. '저희 제품은 이름값을 합니다.' 현지인으로부터 조언을 받는 것이 얼마나 중요한지는 역시 아무리 강조해도 지나치지 않다! (SHT라는 줄임말은 욕설인 "shit"을 떠오르게 한다 - 옮긴이)

한 세탁용 세제 제조업체는 중동 지역에서 광고를 내보내기 전에 현지인들과 먼저 의논을 했어야 했다며 뒤늦게 후회를 하고 있다. 이 회사의 광고에는 왼쪽에 더러운 빨래가 있고, 비누 상자가 중간에 있으며, 맨 오른쪽에 깨끗한 빨래가 있는 사진이 사용되었다. 그러나 중동 지역 사람들은 오른쪽에서 왼쪽으로 글을 읽기 때문에, 결국 이 세제를 사용하면 깨끗한 빨래가 더러워진다는 뜻으로 해석을 했다.

한국의 한 대기업 고위 임원들은 판촉용 벽걸이 달력의 7월 모델이 속이 훤히 비치는 블라우스를 입은 채 삼성제품을 들고 있다는 사실을 미처 몰랐다. 외국인 모델이 등장한 이 달력은 여러 나라로 보내져서 고객과 제휴 파트너들에게 선물로 제공되었다. 그러나 일부 미국인들이 이 달력의 사진을 보고 불쾌해했다는 보고가 들어왔다. 이에 그 기업 인사부서의 담당자는 자신들이 외국 문화에 대해 무지했음을 인정했다.

올바른 언어를 사용하고 장소도 잘 정했지만, 잘못된 억양 때문에 문제가 발생할 수도 있다. 아프리카에서 활동하던 한 선교단이 이런 일을 겪었다. 선교의 목적으로 부르던 찬송가의 내용이 잘못 전달되고 있었던 것이다. 찬송가 가사의 번역은 잘 되었으나, 음의 고저가 맞지 않았다. 예를 들어 나이지리아의 이그보족 사람들은 '참 반가운 성도여(Oh, Come All Ye Faithful)'라는 찬송가를 배웠다. 그러나 이 노래의 2절 가사 중 '창조되지 아니하고 스스로 존재한 구주이시네(Very God, begotten not created)'라는 내용이 현지 사람들에게는 '주님의 돼지는 나눠 먹을 수 없네'라는 의미로 들렸다. 다른 찬송가의 가사에서도 '천국에는 슬

품이 없네'라는 내용이 '자전거에는 계란이 없네'라는 의미로 불리고
있었다.

　외국 소비자가 본국과 같은 언어를 사용하는 경우라도 주의를 기울여
야 한다. 예를 들어, 영국과 미국의 합작투자 제안이 심각한 위기를 맞았
던 적이 있다. 내용인즉슨, 미국 측에서 어떤 사안에 대해 tabled 할 것을
요구했다. 그러자 영국 측도 이에 동의했고, 쌍방은 협상을 준비했다. 영
국 측 사람들이 tabled하기로 한 사안을 토의 안건에 상정하자, 양측은
모두 불편한 상황을 맞게 되었다. 미국에서는 table이란 표현이 어떤 안
건에 대한 토론을 보류한다는 뜻인데 반해, 영국에서는 어떤 안건을 토
론에 부친다는 뜻으로 사용되었다. 결국 영국 측에서는 미국 측에서 원
하던 것과 정반대로 이해를 했던 것이다.

　또 다른 미국 기업도 영국에서 사업을 하면서 비슷한 문제를 겪었다.
이 기업은 미국에서 '저녁 식탁에서 사용할 수 있는 최고 품질의 냅킨'이
라는 광고문구를 사용하여 꽤 효과를 봤다. 규모의 경제 등의 이유로 영
국에서도 이와 똑같은 광고를 사용하기로 결정했다. 그러나 영국 사람들
은 '영국말'을 썼고, 미국 사람들은 '미국말'을 썼다. 즉, 똑같은 영어였
지만 그 용법과 의미가 달랐던 것이다. 영국에서는 napkin이나 nappy
라는 단어가 '기저귀'를 뜻했다. 그러나 미국 기업은 이 사실을 알지 못
한 채 '저녁 식탁에서 사용할 수 있는 최고 품질의 기저귀'라는 광고를
내보냈던 것이다. 이 광고는 사람들을 즐겁게 해주기는 했지만, 판매에
는 큰 도움이 되지 못했다.

미국인들이 영국에서만 영어 때문에 고생을 하는 것은 아니다. 오스트 레일리아에서 한 미국인 은행가는 자신이 주인공인 중요한 만찬장에 참 석했다가 곤란을 겪었다. 식사가 끝난 후, 그는 연설을 하게 되었는데, 배 불리 먹었다는 뜻에서 "full"이란 표현을 한 것부터 발을 잘못 내디딘 셈 이었다. 곧 사람들은 불편한 웃음소리를 냈고, 뭔가 잘못되었다는 것을 감지한 그는 다시 "stuffed"라는 표현으로 정정하여 그 상황을 무마하려 했다. 그러나 "full"이란 단어는 술에 취했다는 의미를 가지고 있고, "stuffed"라는 표현은 성관계에 관련된 의미를 지니고 있다는 사실을 알 고는 무척 당황할 수밖에 없었다.

| 잘못된 전략으로 인한 마케팅상의 실수들 |

판촉전략으로 인해 혼란이 야기되고 실수를 저지르는 경우도 많다. 외 국 문화에 너무 둔해서 실수를 저지르는 기업이 있는가 하면, 어떤 기업 들은 그와 정반대라서 실수를 저지르기도 한다. 이들은 마치 현지 기업 인 것처럼 행세를 하거나 또는 국민들의 애국심을 이용하려고도 했다. 예를 들어 다우 브루어리스(Dow Breweries)에서는 캐나다 퀘벡 (Quebec)주에서 '케벡(Kebec)'이라 명명된 신제품 맥주를 출시했다. 그리고 캐나다 국기를 판촉활동에 사용하여 사람들의 애국심을 불러일 으키려 했다. 그러나 그들의 전략은 실패했다. 다수의 현지인들은 '신성 한' 국기를 '상술'에 사용하는 것에 반대했다. 결국 판촉활동은 채 보름 도 못가고 중지되었다.

1997년, 썬더버드(Thunderbird; 미국의 국제경영대학원인 American Graduate School of International Management의 별칭 - 옮긴이)는 '좋은 소식'을 빨리 전하려는 욕심에 멕시코에 있는 국제 비즈니스 아카데미(Academy of International Business) 회원들의 연례회의에 자신들이 '세계에서 가장 오래된 경영대학원'이라는 자료를 내보냈다. 문제는, 그 자료를 읽은 대부분의 사람들이 알고 있던 것처럼 그것이 사실이 아니라는 점이었다. 사람들은 '국제'라는 단어가 빠진 것에 대해 불쾌해했다. 즉, 세계에서 가장 오래된 '국제경영대학원'이라고 했어야 옳았던 것이다.

이와 비슷하게 1988년에 맥도날드는 식탁용 매트에 멕시코의 국기 그림을 사용했다가 현지 당국의 분노를 샀다. 멕시코인들은 자신들의 국가를 상징하는 국기에 케첩이 온통 묻어 있는 꼴을 두고 볼 수가 없었다. 그리하여 이 식탁용 매트는 모두 압수되었다. 물론 맥도날드가 고의로 저지른 일은 아니었지만, 어찌되었건 사죄를 해야 했다.

독일의 제약회사인 바이엘(Bayer)사가 알카 셀처 Alka-Seltzer; 미국의 위산과다억제제 및 소화제 - 옮긴이)를 인수한 후, 저소득층의 전유물이라는 알카 셀처의 기존 이미지를 버리고 젊은 전문직 종사자들의 스트레스를 해소하는 제품이라고 선전했다. 그러나 그 후 제품의 판매량과 회사의 이익은 급격하게 감소했다. 바이엘사는 결국 자신들이 미국 시장을 제대로 파악하지 못했다는 것을 깨달았다. 그리하여 제품 홍보를 원래대로 다시 하자 매출은 회복되었다.

미국 시장에 진출한 어떤 프랑스 맥주회사는 자신들의 제품이 마치 미국 제품인 듯 보이게 했다가 어려움을 경험했다. 사실은 수입 맥주이면서 미국에서 만든 맥주인 것처럼 보이려고 한 회사의 결정은 현명하지 못했는데, 그 이유는 미국 시장은 이미 국산 맥주로 넘쳐나고 있었기 때문이다. 이 실수를 깨달은 회사는 자신들의 제품이 수입 맥주라는 점을 이제는 잘 광고하고 있다.

판촉활동에서 소비자들이 중시하는 바를 강조하면 상품의 판매는 증가한다. 타이어 제품을 예로 들 수 있다. 영국에서는 타이어의 안전성이 강조되고, 미국에서는 내구성과 주행거리가 강조된다. 또한 독일에서는 빠른 회전력이 중시된다. 미국의 굿이어(Goodyear) 타이어는 이 사실을 초기에 알아채고는 똑같은 제품을 가지고 세 나라의 시장에 각각 다른 메시지를 전달하여 성공적인 판매를 거두었다.

'베티 크로커(Betty Crocker)'라는 브랜드의 케이크를 제조하는 제너럴 밀즈(General Mills)사는 케이크가루믹스를 일본에 출시했다. 사전조사에 의하면 대부분의 일본 가정에는 오븐이 없기 때문에 일본인들은 주로 케이크를 사서 먹었다. 반면에 대부분의 일본 가정에는 밥솥이 있었다. 제너럴 밀즈사는 밥솥으로 만들 수 있는 케이크믹스인 '케이크론(Cakeron)'이라는 제품을 개발했다. 케이크론이 시판된 후, 초기 판매는 순조로웠다. 그러나 점차 감소 추세를 보였다. 다시 조사를 해보니, 사람들이 남은 밥을 밥솥에 보관했기 때문에 밥솥에 케이크를 굽는 것은 쉽지 않았다. 일본 가정에서는 쌀을 소비하는 것이 중요했다. 게다가 케이크믹스를 사용하고 나면 밥솥에 향이 남았다. 밥솥에 케이크를 찌는 일본 주부는 찻주전자에 커피를 끓이는 영국 주부에 비유되었다. 결국 이 제품은 사라지고 말았다.

따라서 다국적기업은 판촉전략을 다양하게 세워야 한다. 볼보(Volvo)는 매우 성공적으로 이런 컨셉을 적용시켰다. 즉, 미국에서는 경제성, 내구성, 안전성을 강조했고, 프랑스에서는 체면과 레저생활을, 독일에서는 성능을, 스위스에서는 안전성을 강조했다. 멕시코 소비자들에게는 가격이 가장 중요한 요소였고, 베네수엘라 소비자들은 품질을 더욱 중요하게 생각했다.

시장성 테스트를 거치면서 광고가 잘 만들어졌는지 알아볼 수도 있다. 그러나 실패를 모두 막을 수 있는 것은 아니다. 미국 기업들은 푸에르토리코를 라틴 아메리카 지역의 테스트 시장으로 많이 이용한다. 물론 푸에르토리코는 별 장벽이 없으며 스페인어를 사용하는 지역이므로 매력적인 테스트 시장이 될 수 있다. 그러나 라틴 아메리카 지역 각국의 국민들은 저마다 고유한 취향과 선호도를 가지고 있다. 따라서 푸에르토리코에서 성공한 판촉전략이라고 해서 모든 라틴 아메리카 지역에서 성공하리라고 확신해서는 안 된다. 푸에르토리코에서의 긍정적인 결과를 통해 확실히 알 수 있는 사실은 목표 국가에서도 그 전략을 써볼 만하다는 정도일 뿐이다. 따라서 두 번째 테스트 과정이 생략되면 커다란 실수를 저지를 수 있다. 예를 들어, 한 기업인은 푸에르토리코에서 얻은 좋은 결과에 흥분하여 두발용 스타일링 제품인 '헤어 픽서(hair fixer)'를 대량으로 아르헨티나에 수출했다. 그러나 푸에르토리코에서 큰 성공을 거둔 광고를 방송했는데도 불구하고 판매는 별로였다. 현지의 판매 담당자가 본사를 설득하여 좀더 유럽 스타일에 가까운 아르헨티나 소비자에 맞춰 광고를 바꾸자 그제야 판매가 향상되었다.

유니레버(Unilever)사는 다소 독특한 판촉상의 문제를 경험했다. 인기 세제인 '레이디온(Radion)'을 독일 시장에 내놓았을 때의 일이다. 이 회사는 오스트리아에서도 똑같은 상품을 판매했는데, 독일에서와 다른 브랜드명을 사용하여 마케팅을 했다. 독일 사람들과 오스트리아 사람들은 모두 독일어를 사용하고, 이웃 나라의 언론을 자주 접할 수 있었기 때문에 두 나라 사람들은 경쟁관계에 놓여 있는 두 가지 제품이 출시되었다고 생각했다. 그러나 독일이나 오스트리아 어느 곳에서 시작한 판촉 캠페인이라도 옆 나라 소비자에게까지 쉽게 도달할 수 있으므로, 양국에서 같은 이름의 브랜드를 사용했더라면 좀더 능률적이고 효과적인 마케팅이 되었을 것이다. 실제로 그렇게 했다면, 광고를 이중으로 하는 셈이 되므로 효과는 배가 되고 판매 역시 늘었을 것이다.

미국의 화장품 생산업체인 에이본사(Avon products)는 일본에서 주부 사원을 고용하여 방문판매를 하겠다는 전략을 세웠으나, 이는 실수였다. 일본의 주부들은 자신들이 알지 못하는 사람들에게 물건을 판다는 사실을 매우 꺼려했다. 회사에서는 이 사실을 미처 알지 못했던 것이다. 서구에서는 낯선 사람을 집에 들여놓아도 이상할 것이 없지만, 일본 여성들에게는 있을 수 없는 일이었다.

　미국에서 당연한 듯 받아들여지는 관행 중 하나는 모든 국내 지점에서 똑같은 판촉전략을 사용한다는 것이다. 그것은 판매액을 근거로 하여 비율에 따라 판촉예산을 정하는 것이다. 국내 사업의 경우에는 이런 전략이 효과를 본다. 그러나 해외 지점에까지 이를 적용하는 것은 아무래도 무리가 있다. 미국 기업은 이런 규격화된 관행을 외국에서도 강제로 시행하며 외국 지점 담당자에게 불가능한 것을 요구한다. 한 가지 예를 들어보면, 외국에서는 법적으로 허가된 광고매체가 미국과 다를 수 있다. 텔레비전 광고가 허가되지 않은 국가도 많다. 이 한 가지 사실만 가지고도 미국과 같은 스타일의 판촉예산은 실행이 불가능해진다. 또 한 가지 문제는 스케일이다. 사업의 규모가 큰 미국 국내 지점의 경우에는 판매에 따라 정해진 비율로 판촉예산을 정하는 것이 적절할 수 있으나, 규모가 작은 외국 지점의 경우, 가령 판매의 10%라고 정해진 예산은 한 번의 광고를 만드는 데도 충분하지 않을 수 있다. 한때 미국 기업들은 전세계적으로 판촉예산을 표준화하려고 했다. 그러나 이제는 서로 다른 조건을 가지고 있는 각국 시장에 맞춰 각기 다른 비용구조를 적용해야 한다는 점을 깨달았다. 오히려 판촉예산 선정방법을 표준화하는 것이 훨씬 더 좋은 전략이다. 본사에서 정한 방법에 따라 그 지역에 맞는 판촉예산을 선정하도록 해외 지점에 지시를 내릴 수 있기 때문이다.

현지 문화에 대해 세밀히 연구하지 않는 기업들은 수많은 실수를 저지른다. 한 예로, 남성과 여성의 신체적 접촉을 공개적으로 내보내는 문제를 생각해보자. 많은 나라에서 이런 행동은 불쾌감을 줄 수 있다. 태국도 그런 나라들 중의 하나인데, 이곳에서 구강세정제를 시판한 한 기업은 이런 사실을 모르고 젊은 연인이 손을 잡고 있는 광고를 사용했다. 여성들끼리 손을 잡고 있는 것으로 광고를 바꾸고 나서야 그 제품의 광고는 태국 사람들에게 받아들여졌다.

화장품 브랜드인 비노카 탈크(BiNoca Talc)가 인도에서 광고를 내보냈는데, 광고 속의 여성은 바디스타킹을 입고 있기는 했으나 인도인들을 불편하게 만들었다. 이 광고는 현지의 주요 신문에 게재되었는데, 매력적인 젊은 여성이 누드인 채로 비노카의 탤컴 파우더(talcum powder; 탈크(활석)를 주재료로 만든 분말화장품 - 옮긴이)를 몸에 바르는 사진이었다. 그녀의 신체 중 중요한 부분은 다음과 같은 광고문구로 교묘하게 가려져 있었다. "흥분하지 마세요. 비노카 탈크는 적당한 양만 바르셔도 됩니다." 그러나 대중은 여성의 신체를 사용한 광고를 받아들일 준비가 되어 있지 않았기에 이 광고를 매우 선정적이라고 생각했다.

그러나 이런 노출에 대해 별로 상관하지 않는 국가도 많다. 특히 프랑스인들은 여성의 신체를 노골적으로 사용한 광고도 잘 받아들인다.

한편, 아무 의미가 없는 신체 일부분의 노출도 어떤 나라에서는 불쾌하게 받아들인다. 미국의 한 신발 제조업체는 맨발 사진을 이용하여 상품을 선전했다. 이는 많은 나라 사람들에게는 아무 문제가 없는 광고였지만, 동남아 지역에서는 발의 노출을 모욕으로 받아들였다.

마운틴 벨(Mountain Bell)사도 이와 비슷한 문제를 겪었다. 그들이 광고에서 사용한 사진은 한 회사의 임원이 책상에 다리를 올려놓고 전화를 받는 장면이었다. 이 사진을 본 중동 사람들과 극동 사람들은 별로 좋아하지 않았다. 왜냐하면 이 지역 사람들에게는 발바닥이나 신발바닥이 보이는 것은 일종의 모욕이었기 때문이다.

사우디아라비아에서 사업을 시작하려 했던 한 미국 기업도 광고의 삽화 때문에 문제를 겪었다. 광고에는 바위를 단단히 움켜쥔 남성의 주먹 사진이 사용되었다. 이 사진은 석재분쇄기 제조업체인 이 회사의 견고한 위치를 상징하려는 것이었다. 그러나 불행히도 손을 위로 향하고 있는 동작은 사우디아라비아 사람들을 매우 기분 나쁘게 만들었다. 앞서도 지적했듯이, 이런 실수를 피하는 데는 현지인들의 조언이 필수이다. 현지인들의 경고를 주의해서 지킨다면 판촉활동에서의 많은 실수가 일어나지 않을 것이다.

퀘벡에서 일어난 유명한 광고 실수가 있다. 한 생선통조림 제조사가 현지 신문에 광고를 냈는데, 반바지를 입은 여성이 남성과 골프를 치는 모습이 담겨 있었다. 그리고 광고에는 다음과 같은 설명이 실려 있었다. 이 여성은 오후에 남편과 함께 골프를 치러 갔지만, 그럼에도 그날 저녁에 집에 오면 생선통조림을 이용하여 훌륭한 저녁식사를 내놓을 수 있다는 것이다. 그러나 광고의 내용 전체가 모두 과녁을 빗나갔다. 우선 이 지역의 여성들은 골프를 칠 때 반바지를 입지도 않고, 더군다나 남성과 함께 골프를 치지도 않았다. 게다가 아무리 시간이 짧다고 하더라도, 저녁식사에, 그것도 주요리로 생선통조림을 내놓을 여성은 없었던 것이다. 이 회사는 현지의 관습을 완전히 무시한 것이었고, 결국 판매도 실패했다.

펩소던트(Pepsodent)사는 동남아시아 지역에서 치약을 판매하려 했다. 그들은 이 치약을 사용하면 치아가 하얗게 된다는 점을 강조하는 선전을 했다. 그러나 이 지역 사람들은 일부러 '구장(betel; 인도산 후추과의 상록 관목 - 옮긴이)'이라는 식물의 잎을 씹어서 이를 검게 물들이려 했다. 검게 물든 치아가 사회적으로 높은 신분의 상징이었기 때문이다. 그러니 이런 광고는 별 소용이 없었던 것이다. 또한 "누런색이 놀라울 정도로 사라집니다"라는 광고문구는 많은 사람들에게 인종차별을 암시한 것으로 받아들여졌다.

태국에서 안경을 팔아보려던 한 상인은 동물들이 안경을 쓰고 있는 사진의 광고를 내보냈다. 그러나 이것은 불행한 결정이었다. 그곳에서 동물은 미천한 존재로 취급되었기 때문에, 동물이 썼던 안경을 인간이 쓰는 것은 인격을 떨어뜨리는 것과 마찬가지였다.

현지 종교의 특별한 측면을 고려하지 않은 기업도 많은 어려움을 겪었다. 아시아에서는 불상과 관련된 이미지를 광고에 잘못 사용하면 문제가 발생한다. 이 지역에서는 종교적인 유대감이 강하므로, 현지의 종교적 상징을 사용하여 광고를 하는 것은 강한 반감을 살 수 있다. 특히 불상의 사진 위로 고의적이건 우연이건 글자가 인쇄되어 있다면 더욱 그렇다. 한 기업은 아무 생각 없이 위와 같은 전략을 사용했다가 회사가 존폐의 위기에 처했었다. 겉으로 보기에는 사소한 사건도 몇 년 동안 잊혀지지 않을 국제적인 정치 분쟁으로 커질 수 있다.

한 냉장고 제조업체에서는 광고에서 냉장고 중앙에 햄 한 덩어리만 덜렁 놓여 있는 사진을 사용했는데, 이것도 종교와 관련한 실수였다. 일반적인 냉장고 광고에는 맛있는 음식들로 가득한 사진이 쓰인다. 그러므로 이 사진은 매우 독창적인 것이라 많은 지역에서 사용되었다. 그러나 이 사진을 너무 자주 사용하다 보니, 사용하지 말아야 할 지역에서까지 쓰게 되었다. 무슨 소리냐 하면, 햄을 먹지 않는 무슬림들이 살고 있는 중동 지역에서도 이 사진을 사용했다. 광고를 본 중동 사람들은 흥미를 느끼지 못했을 뿐만 아니라, 냉장고 회사가 그 지역에 대해 너무 무지하다고 생각했다.

한 공연기획자 역시 무슬림들의 관습을 제대로 알지 못해서 실수를 저질렀다. 그는 싱가포르에서 동남아의 인기 여가수인 아니타 사라왁(Anita Sarawak)의 공연을 기획했는데, '나와 당신과 강아지 부우(Me and You and a Dog Named Boo)'라는 곡을 부를 때 그녀의 애완견을 데리고 노래하도록 연출했다. 이 깜짝쇼는 다른 지역에서는 아주 효과가 좋았다. 그러나 싱가포르에서는 큰 소동이 일어났다. 공연실황을 방송하려던 계획도 무산되었다. 그 모든 이유는 개 때문이었다. 이슬람교의 교리에 따르면 개는 더러운 존재였고, 따라서 애완동물로 키운다거나 남들에게 보여주면 안 되는 것이었다.

더블트리(Doubletree) 호텔에서는 투숙객에 대한 임직원들의 따뜻하고 질 높은 서비스를 내용으로 하는 3천백만 달러짜리 캠페인을 벌였는데, 이 중 미국용으로 제작된 30초 광고로 인해 값비싼 실수를 저지르게 되었다. 워싱턴 D.C.에 있는 이슬람교 지지집단인 미국 - 이슬람 관계위원회에서는 위의 텔레비전 광고가 불쾌감을 준다고 호텔 측에 알렸다. 광고에는 아랍 스타일의 옷을 입은 세 명의 호텔 직원이 고객에게 인사를 하는 장면이 나온다. 여기서 불만은 직원들이 마치 무슬림이 신께 기도라도 올리듯 너무도 공손하게 고객에게 절을 한다는 점이었다. 이 장면은 타종교의 기도 의식을 조롱하는 듯 보인 것이다.

한 항공사는 사우디아라비아의 신문에 '정상적인' 광고를 냈다가 당국으로부터 아예 출항을 금지당할 뻔한 적도 있다. 광고 속 사진은 행복해 보이는 비행기 여행객에게 여승무원이 샴페인을 대접하는 장면이었다. 그러나 사우디아라비아에서는 음주가 불법이었으며, 여성이 얼굴을 드러내놓고 남성과 함께 있는 것도 금지되어 있었기 때문에, 이 사진은 마치 종교적인 관습을 전복시키려 하는 것으로 받아들여졌다.

앞서도 말했듯이, 성공한 광고는 대개 문화적인 맥락을 반영한 것이기 때문에, 여러 국가에서 똑같은 광고를 사용하는 것은 위험한 일이 될 수 있다. 예를 들어, 미국의 화장품회사들은 미국 여성들을 대상으로 광고를 할 때는 당신은 굉장히 아름답다거나, 혹은 자사의 상품을 사용하면 아름다워질 것이라는 식으로 여성의 자아를 추켜세우는 메시지를 전달한다. 그러나 이와 비슷한 광고를 프랑스에서도 사용했을 때, 결과는 실패였다. 프랑스 여성들은 자신이 너무도 매력적이라든가 혹은 앞으로 그렇게 될 것이라는 식의 생각을 하지 않는다. 그렇고 보니 프랑스 여성들은 미국 화장품회사의 광고가 자신들에게 해당한다고 생각하지 않았으며, 결국 광고의 메시지는 극히 소수의 사람들을 겨냥한 것이라고 생각했다.

정보를 전달하는 방법도 문화에 따라 각양각색이다. 예를 들어 동양인들은 상대방의 '체면을 세워주는 것'을 중시한다. 하지만 이탈리아에서는 진지한 사람으로 받아들여지려면 논쟁에서 이기도록 최선을 다해야 한다. 스위스에서는 자세하게 설명해주는 사람을 대접한다. 영국인들에게 판매할 때는 독일인들을 대상으로 할 때보다 훨씬 가볍게 다가가야 한다.

앞부분에서 말했듯이, 색상의 선택도 중요한 일 중의 하나이다. 홍콩시장에서 초록색 모자를 광고에 등장시켰다가 곤란을 겪은 회사가 한둘이 아니다. 한 맥주회사는 자신들의 맥주가 아일랜드 사람도 좋아할 만큼 훌륭한 맥주라는 메시지를 전달하려고 했다. 물론 광고 속의 아일랜드 사람은 초록색 모자를 쓰고 맥주를 마셨다. 또 다른 기업에서는 세제 광고에서 여러 명이 한 남성에게 모자를 던지는 장면을 내보냈다. 결국 그 남성은 초록색 모자를 쓰게 되었다. 두 광고에서 선택된 초록색은 적절하지 못한 색상이었다. 홍콩과 중국에서는 초록색이 남성의 외도를 상징한다. 그러니 두 상품은 모두 잘 팔리지 않았다.

기네스 스타우트(Guinness Stout) 맥주가 경험한 바에 따르면, 홍콩은 엉뚱한 일이 빈번히 일어나는 곳이다. 이 회사에서 제조하는 높은 도

수의 맥주는 대영제국의 건장한 남성들에게 특히 꼭 맞는 술로 알려졌는
데, 어찌된 일인지 홍콩에서는 여성이 임신 중이거나 생리 중일 때 마시
는 맥주로 명성을 얻게 되었다. 결과적으로 홍콩에서 이 맥주를 남성들
에게 판매하려 하자 비웃음만 사게 되었다. 어떤 남성이라도 이 맥주를
주문하면 마치 자신이 '월중 행사'를 하고 있다는 듯 보였기 때문이다!

한 회사에서는 오물제거효소를 함유한 세탁용 세제를 페루에서 시판
하면서 입을 크게 벌린 효소들이 세탁물의 때를 먹어치우는 만화가 담긴
광고를 내보냈다가 엉뚱한 문제를 경험했다. 시판 초기에는 판매수준이
괜찮았는데, 곧 판매량이 떨어져버렸다. 페루인들의 관습이 바로 그 원
인이었다. 페루의 여성들은 빨래를 삶아야 세균을 죽일 수 있다고 믿었
는데, 광고 속에 등장한 효소들이 무언가를 먹는 장면은 그 신념을 더욱
부추겼다. 그러나 빨래를 삶으면 오물제거효소도 파괴되므로 세제의 성
능은 광고와 달리 떨어지게 된다. 결국 제품이 기대만큼 효율적이지 않
으므로 여성들은 이 제품을 계속 구매하려 하지 않은 것이다.

모든 회사의 제품들이 애초의 목적대로 올바르게 사용되는 것은 아니
다. 그러나 때로는 엉뚱하게 사용된 덕에 판매가 잘되기도 한다. 예를 들
어 프랑스의 제르배 다농(Gervais Danone)사는 이런 식으로 잠재적인
문제의 해결책을 찾아냈다. 이 회사는 멕시코인들이 자사의 제품에 영
관심을 보이지 않자 전략을 바꾸기로 결정했다. 그리고 결국 치즈의 용
도를 버터로 바꾸어서 멕시코인들의 관심을 끌 수 있었다. 그리고 크림
형태의 휘핑 치즈 제품은 어린이들의 간식용으로 판매했다.

해외에서만 다국적기업의 문화적 실수가 일어나는 것은 아니다. 미국 내에도 상당한 규모의 라틴계 시장이 존재하고, 따라서 기업들이 라틴 문화를 알아야 할 필요성이 점점 증대하고 있다. 때로는 이 시장을 겨냥하여 특별 판촉 캠페인을 따로 개발하는 것이 더 효율적인 경우도 있다. 예를 들어, 콜게이트 팜올리브사는 히스패닉 사회를 대상으로 치약을 광고할 때 건강보다는 외모에 더 중점을 두는 전략을 선택하여 성공을 거뒀다. 그러나 모든 기업이 이런 성공을 거두는 것은 아니다. 다음에서는 판촉활동 중 벌어졌던 실수나 실수할 뻔한 상황을 몇 가지 제시하겠다.

미국의 몇몇 라디오 방송을 통해 방송된 브래니프(Braniff) 항공사의 스페인어 광고는 평판이 좋지 못했다. 의도하지는 않았지만 탑승객들에게 '벌거벗고 비행을 하라'는 광고를 내보낸 셈이 된 것이었다. 사실, 광고문구의 원래 의도는 브래니프 항공사 소유 비행기의 가죽시트를 묘사하려고 한 것이었다. '가죽으로 된(in leather)'을 뜻하는 스페인어 "en cuero"도 맞는 번역이었다. 그러나 '벌거벗은'이란 뜻의 "en cueros"라는 표현도 마지막의 s가 묵음이었기 때문에 두 표현의 발음이 같았다. 기술적으로 옳게 번역이 되었다고는 하지만, 스페인어를 모국어로 말하는 사람이 먼저 이 광고를 검사했다면 이런 문제는 벌어지지 않았을 것이다.

쿠어스(Coors)맥주의 광고문구는 '고지의 맛을 음미하세요'였다. 그리고 로키산맥에서 여유로운 삶과 쿠어스 맥주를 즐기고 있는 인물들이 광고에 등장했다. 백인계 미국인들에게 이 광고는 매우 효과적이었으나, 멕시코계 미국인들은 산악생활에 별로 취미가 없는 관계로 이 광고를 그리 매력적이라 생각하지 않았다. 그리하여 스페인어 광고는 내용이 수정되었다. 산의 모습은 맥주와 잘 어울리기 때문에 그대로 놔두었다. 그러나 맥주를 즐기거나 행복한 삶을 살기 위해 꼭 산에서 살아야 할 필요는 없었던 것이다. 스페인어 광고에 쓰인 새로운 문구를 영어로 번역해보면 다음과 같다. '고지의 맥주를 선택하세요. 그리고 당신만의 고지로 가져가세요. 그곳이 어디든.'

맥도날드도 미국 내의 스페인어 시장에서 '히스패닉 광고'를 사용했다. 그러나 똑같은 광고인데도 푸에르토리코에서는 효과가 없었다. 광고가 너무 '멕시코식'이라고 받아들여졌기 때문이다. 결국 다른 광고를 만들어야 했다.

맥도날드가 저지른 또 다른 실수는 프랑스의 한 요리 명장의 사진을 빅맥 광고에 사용한 것이다. 이 요리사는 자신의 사진이 네덜란드의 광고에 등장한다는 사실을 알고는 명예훼손에 따른 배상금으로 2,700만 달러를 요구했다. 그러면서 "전세계적으로 내 얼굴과 이름의 사용권을 가지고 있는 사람은 바로 나다. 나의 예술적 요리와 저들이 만드는 겹쳐놓은 빵조각이 연결되다니 정말 참을 수 없다"라고 말했다. 맥도날드는 이 요리사에게 배상금을 주고 합의를 했고, 그는 배상금을 최고급 프랑스 요리사를 훈련시키는 요리학교인 에꿀리 요리예술학교(Ecole des Arts Culinaires d'Ecully)에 기부했다.

존슨 앤드 존슨(Johnson & Johnson)은 다행히도 숨어 있던 문화적 실수를 조기에 발견하여 조처를 취할 수 있었다. 회사에서 막 시작하려던 1회용 기저귀 광고는 엄마의 촉촉하고 안락한 품과 아빠의 무미건조함을 대비시킨 내용이었다. 그러나 히스패닉계 소비자에게는 이 내용이 음란하고 성적인 의미로 보여질 수 있다는 점을 알게 되었다. 이런 사실을 미리 알게 된 것은 참으로 다행한 일이었다. 만약 그 광고가 그대로 나갔다면 회사는 크게 망신을 당할 뻔했기 때문이다.

페드로 도메끄(Pedro Domecq) 와인 회사도 스페인산 와인을 광고하면서 '매력적인 음주의 예술(the art of simpatico drinking)'이라는 문구를 사용하려 했는데, 이로 인해 실수를 저지를 뻔했다. 광고를 만든 회사에서는 미국인들이 '호감 있는, 매력적인'이라는 뜻으로 번역하여 사용하는 simpatico라는 단어와 스페인산 와인을 연결시킨 문구를 만들었다. 그러나 스페인 사람들은 이 단어를 사물을 수식할 때는 사용하지 않았다. 그 단어를 올바로 쓴 경우를 보면 "El es muy simpatico"가 있는데, 뜻은 '그는 매우 호감이 가고, 유쾌하며, 싹싹하다'이다. 이렇게 스페인어에서 simpatico라는 형용사는 사람을 수식한다. '음주(drinking)'라는 단어는 수식할 수 없는 것이다. 따라서 이 광고가 나갔다면 스페인어를 사용하는 사람들에게 비웃음을 샀을 것이다. 다행히도 스페인어를 할 줄 아는 직원이 이 실수를 사전에 알아내어 고칠 수 있었다.

그 나라에선 가격을 어떻게 매겨야 할까?

상품의 적절한 가격을 정하는 것도 생각보다는 매우 어려운 일이다. 가격책정 절차의 세부사항 중 덜 중요해 보이는 것 한 가지라도 그냥 넘어가거나 잘못 판단했다가는 회사에 아주 큰 문제가 발생할 수 있다.

런천미트 통조림을 판매하려던 한 회사의 경험을 보도록 하자. 다른 회사와의 가격 경쟁에서 이기기 위해 이 회사에서는 가격에 붙는 잔돈을 없앴다. 저렴하게 책정된 이 가격은 표기하기도 쉬웠다. 그러나 실망스럽게도 소비자들은 비록 약간의 차이였지만 더 높은 가격의 경쟁사 제품을 구입했다. 이런 현상의 진짜 이유는 현지의 사업관행 때문이었다. 이곳의 소매상들이 받을 수 있는 마진은 아주 적었다. 그런데 좀더 비싼 통조림을 산 소비자들이 거스름돈을 잘 받지 않는다는 사실을 발견한 것이다. 자연적으로 이 '부수입'을 챙기기 위해 상인들은 비싼 제품을 열심히 홍보했다. 결국 회사는 가격을 재조정했고, 다시 제품을 판매하기까지 반년이 넘는 시간을 보내야 했다.

'페퍼리지 팜(Pepperidge Farm)'이라는 상표명으로 판촉을 한 델라커(Delacre)의 고급 비스킷도 미국 시장에 진출하며 문제를 겪었다. 영국 회사인 픽 프린라인(Peek Freanline)에서 더 낮은 가격에 출시를 하고 나서야 이 비스킷은 판매가 잘 되었다. 이렇게, 각 제품이 모든 나라에서 똑같은 가치를 인정받지는 않는다. 즉, 어떤 나라의 사람들은 기꺼이 비싼 가격을 지불하고 제품을 구매하지만, 다른 나라 사람들은 그렇지 않을 수도 있는 것이다. 외국에서도 그 제품의 '특별한 가치'가 똑같이 인정받을 것이라는 생각은 위험하다. 확실한 시장성을 확보하지 못했다면 오히려 고가전략이 대량판매에 도움을 주지 못할 수도 있다.

　가격협상도 까다로운 일이 될 수 있다. 현지의 관습을 잘 알지 못하는 회사는 결과적으로 적절하지 못한 가격을 도출할 가능성이 높다. 미국 기업과 일본 기업의 협상과정을 예로 들어서 이 위험성을 설명해보자. 미국의 담당자들은 의사결정의 압박에 익숙하며, 흔히 최종결정을 내릴 수 있는 권한을 부여받는다. 그러나 일본의 담당자들은 좀더 천천히 협상하기를 좋아하고, 집단적인 토의를 거쳐 의사결정을 내린다. 그들은 모든 사람들의 말을 들어보고 공식적인 결론에 도달한다. 그런데 일반적으로 미국인들은 이런 경향을 잘 모르기 때문에 스스로 함정에 빠진다. 일본인 담당자로부터 어떤 물건이나 서비스를 구매하거나 혹은 판매하려는 미국인 담당자에게서 이런 경우를 흔히 볼 수 있다. 미국인들은 (적어도 일본인들의 눈에는) 너무 서둘러 협상을 진행시키려는 듯 보인다. 아주 흔하게, 가격에 관한 토론을 할 때 미국인들은 급히 가격을 제시한다. 미국인들은 협상 테이블에서 흥정을 주고받는 데 익숙하기 때문에 초반전에는 마음속에 두고 있는 진짜 가격을 제시하지도 않고, 일단 던져본 가격으로 결정될 것이라 기대하지도 않는다. 여기서 문제가 생기는 것이다. 상대방이 망설이면 미국인들은 자신이 제시한 가격이 적절하지 못하다고 생각하게 된다. 따라서 거절당하기도 전에, 혹은 협상과정이 불발로 끝나기도 전에 미리 다른 가격을 서둘러 제시하는 것이다. 그러나 가격을 변경하는 그 순간 실수를 저지르는 것이다. 이런 일은 아주 빈번하게 일어난다. 심지어 어떤 미국인은 일본인이 가격을 수락하려고 마음을 먹고 있는데도 이를 기다리지 못하고 스스로 세 배나 더 높은 가격으로 고쳐 불렀다. 이 미국인은 일본의 관습을 알지 못했기 때문에, 일본인들이 망설이는 듯 보이거나, 혹은 일본인들끼리 일본어로 대화를 주고받으면 가격에 대한 불만족 때문이라고 생각했다. 계속 가격이 높아지기만 하자 놀란 일본인은 역시 일본어로 그 놀라움을 동료들에게 표현하고 검토했다. 이런 태도에 미국인은 또 다시 높은 가격을 제시하였다.

적절한 가격에 상품을 구매하거나 판매할 수 있었음에도, 이 가격에 변동하는 환율을 제대로 고려하지 않은 기업들도 많다. 환율의 변동을 완벽하게 예언할 수는 없기 때문에 실수가 저질러질 수는 있다. 그렇지만 대략적인 환율의 변동 방향은 미리 알 수 있으므로, 혹 회사에서 앞으로 더 많은 돈을 지불해야 하는 것은 아닌지 미리 고려해봐야 할 것이다.

이와 비슷하게, 대부분의 나라에서 인플레이션은 미리 대충 알 수 있다. 인플레이션에 대해 잘 분석하지 못한 수많은 회사가 피해를 입었다. 예를 들어 한 독일 회사는 알제리에서 1억6천3백만 달러의 건설 계약을 체결했다. 계약을 맺을 당시 이 가격은 충분했지만, 계약이 진행되는 동안 비용이 천문학적으로 늘어났다. 그런데 불행히도 이 회사는 계약 내용에 화폐가치의 증감을 보호하는 내용을 빠뜨렸다. 게다가 지불도 가치가 떨어진 알제리 화폐로 받기로 했다. 이렇게 칼의 양날에 상처를 입은 이 회사는 예상했던 이익을 보기는커녕 수백만 달러의 손해를 입어야 했다.

　신용판매도 마케팅전략에서 아주 중요한 가격 관련 변수이다. 아무리 제품의 가격이 적절하다고 해도 신용판매가 불가능하다면 팔리지 않을 수 있다. 라틴 아메리카에서 세탁기를 판매하려는 한 다국적기업이 있었다. 회사에서는 현지 사정에 맞게 제품의 현지화도 마쳤고, 시장조사도 세심하게 실시했다. 그러고 난 후 이 제품이 잘 팔릴 것이라는 결론을 얻었다. 그리하여 많은 물량을 선적했다. 그러나 판매는 저조했다. 회사에서 찾아낸 원인은 자신들은 현금으로 판매를 하는 데 반해 현지의 경쟁사에서 신용판매를 하고 있었다는 점이다. 시장조사에 참가했던 사람들은 신용판매가 이 지역의 사업관행이었기 때문에 당연히 가능할 것이라고 간주했다. 따라서 조사에서 이 제품을 구매하겠다고 대답한 것이다. 그러나 신용판매가 가능하지 않다는 사실을 알게 된 후 그들은 마음을 바꾸었고, 제품을 구매하지 않았다. 이런 사실들을 볼 때, 가격과 판매전략의 모든 요소는 아주 세밀히 고려되어야 한다.

- 나라별 · 지역별 문화의 차이를 확실히 이해하고 마케팅을 실시한다.
- 마케팅을 실시하기 전에 반드시 현지인으로부터 점검을 받도록 한다.
- 가격책정에 있어서도 실수가 발생할 수 있으므로, 가격책정의 모든 요소를 철저히 점검하도록 한다.

기업이 해외에 진출하면서 가장 복잡한 문제를 경험하는 분야가 마케팅일 것이다. 해외를 대상으로 마케팅을 하면서 실수를 범하는 가장 근본적인 이유는 국가마다, 지역마다 문화가 다르다는 사실을 망각하기 때문이다. 자국에서 성공했던 마케팅 방식이 외국에서도 성공할 것이라는 생각은 오산이다. 따라서 해외에서 마케팅을 실시하기 전에는 현지의 문화와 관습, 종교 등을 철저히 연구하고 분석해야 한다. 마케팅의 시기를 잘 선택하는 것도 중요하며, 여성에게 불쾌감을 주는 마케팅은 피해야 한다. 언어나 심볼, 로고 등으로 인해 현지인들에게 오해를 불러일으키는 경우도 있으므로 주의해야 한다.

상품의 적절한 가격을 정하는 것도 어려운 일이다. 저가전략이 유효한 경우도 있고, 고가전략이 유효한 경우도 있다. 현지 파트너와 가격을 협상하는 일도 쉽지 않다. 환율 변동과 현지의 경제 형편도 고려해야 하며, 신용판매도 중요한 변수이다. 가격과 판매전략은 이러한 모든 요소를 세밀히 고려한 후 결정해야 한다.

이처럼 마케팅 활동에는 시간과 장소를 불문하고 실수가 존재한다. 하지만 진출하려는 시장에 대한 철저한 사전 연구와 조사를 통해 가능한 한 실수를 피해갈 수 있다.

Chapter 5

번역상의 실수

도토루 커피사(Doutor Coffee Company)의 동경 지점에서 벌어졌던 경우를 보자. 회사에서는 커피를 마시면 안식을 취할 수 있고 '가슴의 짐을 덜어준다'는 내용의 광고를 만들려 했다. 그러나 이 문구를 'ease your bosoms(당신의 유방을 편하게 합니다)'라고 영어로 잘못 번역하여 제작했다.

잘못된 번역은 국제 사업에서 다양하고 수많은 실수를 만들어 내는 원인이다. 잘못된 번역에는 세 가지 종류가 있다. 첫째, 단순한 부주의로 인한 오역, 둘째, 다의어로 인한 실수, 셋째, 관용어구로 인한 실수이다. 이 세 가지 경우에 대해 살펴보도록 하겠다.

부주의한 번역으로 인한 실수

번역의 실수에서 가장 흔한 경우는 광고문구를 대충 번역하는 것이다. 물론 이런 실수로 인해 곤란하거나 손해를 입는 상황이 벌어지고, 결국 판매에도 타격을 입게 된다.

도토루 커피사(Doutor Coffee Company)의 동경 지점에서 벌어졌던 경우를 보자. 회사에서는 커피를 마시면 안식을 취할 수 있고 '가슴의 짐을 덜어준다'는 내용의 광고를 만들려 했다. 그러나 이 문구를 'ease your bosoms(당신의 유방을 편하게 합니다)'라고 영어로 잘못 번역하여 제작했다. (bosom은 '가슴'을 뜻하는 영어 단어이지만, 특히 여성의 유방을 의미한다. 즉, 이 광고에서는 bosom이란 단어 대신 heart 혹은 mind를 사용했어야 한다 - 옮긴이)

한 식품회사에서는 자사의 커다란 뷰리또빵(멕시코의 주식인 옥수수가루로 만든 또르띠야의 일종 - 옮긴이)에 '부라다(burrada)'란 이름을 붙였는데, 이것은 아주 '큰 실수'였다. burrada란 단어에는 실제로 '큰 실수(big mistake)'라는 뜻이 있었던 것이다.

기업들에게는 스페인어 번역이 참 어려운 일이다. 버드와이저 맥주의 한 스페인어 광고에서는 원래의 광고문구인 '맥주의 제왕(King of Beers)'이 '맥주의 여왕'이라고 번역되기도 했다. 버드 라이트 맥주의 광고에서도 스페인어 번역에 실수가 있었다. 원래는 'Delicious, Less Filling(부담 없이 맛있게)'였으나 번역은 '맛 없이 부담 있게'로 되었다.

아쿠라(Acura; 혼다의 해외 브랜드 - 옮긴이)가 뉴욕에서 낸 광고에는 '레전드와 인테그라는 통념을 바꾸는 차입니다. 이제는 당신의 은행예금도 망칩니다. (The Legend and Integra, cars that break tradition, now your bank account.)'라고 적혀 있었다. 아쿠라에서 의도했던 메시지는 분명 'now'가 아니라 'not'이었을 것이다. 그러나 일부 소비자들은 이 광고를 보고 정말 그럴지도 모른다는 생각을 했을 수도 있다.

미시건주에 사는 한 미국인은 일본 자동차회사의 성공에 분개하여 '미국산을 구매합시다(Buy American Made)'라는 문구가 영어와 일본어로 적힌 티셔츠를 제작하여 판매하기로 했다. 당연히 영어로 된 문구는 문제가 없었다. 그러나 일본어 번역은 '미국 처녀를 구매 합시다(Buy an American Maid)'라는 뜻이었다.

타이완에서 제조된 곰인형은 영어로 크리스마스 캐럴을 '불렀다.' 그런데 노래 중 하나가 잘못되었다. 곰인형이 부르는 노래는 '버밍엄의 작은 마을이여(Oh, Little Town of Birmingham)'이었다. (이 캐럴의 원래 제목은 '베들레헴의 작은 마을이여(Oh, Little Town of Bethlehem)'이다 - 옮긴이) 그 뒤의 이야기는 말하지 않아도 짐작이 될 것이다.

타이완에 있는 또 다른 한 회사는 그곳에 살고 있는 외국인들을 상대로 다이어트 식품을 판매하려 했다. 회사는 섬유질을 섭취하기 위해 이 제품을 사야 한다고 소비자들에게 권했다. 그렇다면 얼마나 많은 섬유질을 섭취해야 하는 것일까? 제품의 안내문에 따르면 'until your tool floats(당신의 도구가 떠오를 때까지; tool은 '남근'으로도 해석될 수 있다 - 옮긴이)'였다. 아무래도 stool이라는 단어를 tool로 잘못 쓴 것 같지 않은가?(stool은 '대변'이라는 뜻이다 - 옮긴이)

한 자동차 제조업체는 영어권 시장에서 제품을 광고하면서 '무엇보다도 가장 훌륭한(topped them all)' 차라고 했다. 영어로는 이 뜻이 잘 전달되었으나 프랑스어를 사용하는 캐나다인들은 이 광고의 뜻을 이해하지 못했다. 제품이 출시되었을 때 프랑스어로 잘못 번역되었기 때문이다. 결국 회사는 이 차가 '다른 차보다 덜 훌륭한(topped by them all)' 차라고 선전한 셈이 된 것이다.

또 다른 미국의 자동차 제조업체는 이 회사의 자동차 배터리가 '최고로 평가되는(highly rated)' 제품이라고 선전했다. 그러나 불행하게도 이 제품을 베네수엘라에 출시하면서는 '지나치게 과대평가된(highly overrated)' 제품이라고 선전한 꼴이 되었다. 중요한 광고문구를 잘못 번역한 것이었다. 두말할 필요도 없이 이 두 경우 모두 판매가 잘 될 리 없었다.

KFC는 해외 시장에서 성공적으로 판매를 하고 있다. 그러나 아무리 훌륭한 회사라도 실수를 하기 마련이다. KFC는 '손가락에 남은 것까지 빨아먹고 싶을 만큼 맛있는(finger lickin' good)'이란 문구를 중국어로 '손가락을 베어 먹으세요' 라고 번역하여 아주 큰 문제를 겪었다.

이스턴(Eastern) 항공사의 '우리는 날마다 날개를 답니다(We Earn Our Wings Daily; 매일 노력하고 있다는 뜻. 원래는 earn one's bread(밥벌이를 하다)라는 표현을 항공사의 이미지에 맞게 earn one's wings라고 썼다 - 옮긴이)'라는 메시지는 스페인어로 번역되면서 항공사의 탑승객들이 결국 죽는다는 의미를 함축하기도 했다. (죽어서 천사가 되면 날개를 다니까 - 옮긴이) 어떻게든 파산을 막아보려는 이스턴 항공사의 노력에 이 광고는 전혀 도움을 주지 못했다.

일본의 올파사(Olfa Corporation)는 미국에서 칼을 판매하면서 아주 재미있는 경고문을 포장지에 내보냈다. '주의: 칼날이 매우 날카롭습니다. 아이들로부터 (칼을) 지켜주세요(Keep Out of Children).' ('아이들 손이 닿지 않는 곳에 보관하세요'라고 표현하려면 Keep out of children's reach.나 Keep away from children.이라고 했어야 했다. 일본 회사의 표현은 목적어가 뒤바뀐 셈이다 - 옮긴이)

터키산 티셔츠를 수입하여 퀘벡에서 판매하려던 한 캐나다 수입상은 '메이드 인 터키(Made in Turkey; 터키제)'라는 문구를 프랑스어로 번역하면서 사전을 참고했다. 그러나 불행히도 그가 번역한 결과는 'Fabriqué en Dinde'였다. dinde는 칠면조였고(영어로 turkey에는 칠면조라는 뜻도 있다 - 옮긴이) Turquie가 국가 이름이었다.

몇 년 전, 저명한 사립고등학교인 필립스 엑스터(Phillips-Exeter)에서는 스페인의 바르셀로나에서 해외연수 프로그램을 진행했다. 추수감사절이 다가오자 교장은 영어와 스페인어를 모두 할 줄 아는 젊은 스페인인 비서에게 전화를 걸어 칠면조 여섯 마리를 구입하여(get a half dozen turkeys) 미국의 주요 명절인 추수감사절에 대비하라고 일렀다. 그러자 비서는 곧 터키 총영사관에 전화를 걸었다. 터키 사람들은 기꺼이 이 초대를 받아들였다. 비서는 다시 전화로 교장에게 6명의 터키인(Turkeys)이 준비되었는데 어떤 옷을 입고 와야 하는지 물었다. 이에 교장은 "반드시 잘 씻기도록 하라(Make sure they're cleaned)"고 대답했다.

부주의한 번역은 소비자들에게 재미를 줄 수도 있지만, 회사에게는 큰 당황스러움을 안겨준다. 예를 들어, 오티스 엔지니어링사(Otis Engineering Corporation)가 모스크바에서 열린 전시회에 참가하며 겪은 일을 보자. 회사의 대표단은 처음엔 모스크바인들이 전시품에 대해 칭찬을 하면서도 왜 낄낄거리고 웃는지 이유를 몰랐다. 그러나 그 이유를 알아냈을 때 그들은 무척 당황했다. 즉, 어설픈 번역자가 '마감 설비(completion equipment)'라는 간판을 '오르가즘을 위한 장치(equipment for orgasms)'로 번역했던 것이다.

멕시코 잡지에 실린 한 미국 브랜드의 티셔츠 광고에는 애초에 의도된 메시지와 정반대되는 내용의 광고문구가 실린 적이 있다. 원래는 '이 티셔츠를 입고 나서 좋아졌어요'라는 뜻이었는데, 광고에는 '이 티셔츠를 입기 전까지가 좋았어요'라고 나와 있었던 것이다.

영어를 쓰는 방문객을 위해 외국어를 영어로 번역한 공공표지판도 번역을 거치면서 의미를 잃어버리는 경우가 많다. 아카풀코의 한 호텔에서는 질 높은 관리를 강조한다면서 '이곳에 공급되는 물은 모두 매니저가 직접 싼 오줌입니다(the manager has personally passed all the water served here; pass를 '보증하다'라는 의미로 쓴 것이겠지만, 이와 같은 오해를 낳고 말았다 - 옮긴이)'라는 글을 써놓았다.

노르웨이의 한 칵테일라운지 간판에는 '숙녀분들은 바에서 아이를 갖지 마시기 바랍니다(Ladies are requested not to have children at the bar.; 원래는 아이를 데려오지 말라는 뜻이었을 것이다 - 옮긴이)'라고 쓰여 있다.

모스크바의 한 호텔에서는 '유명한 러시아와 소련의 음악가, 화가, 작가들이 목요일을 제외하고 매일같이 잠들어 있는 묘지를 방문하세요(Visit the cemetery where famous Russian and Soviet composers, artists and writers are buried daily except Thursday)'라는 간판이 투숙객을 맞는다. (목요일을 제외하고 방문하라는 뜻을 나타내려 했을 것이다 - 옮긴이)

루마니아의 수도 부카레스트의 한 건물 승강기에는 '이 승강기는 내일 하루 종일 수리할 예정입니다. 수리하는 동안 견디기 힘든 존재가 되실 테니 안됐습니다'라는 문구가 붙어 있었다. (The lift is being fixed for the next day. During that time we regret that you will be unbearable.; '불편을 드려 죄송하다'는 뜻을 나타내려 했겠지만, 영어 문법상 unbearable은 사물을 주어로 갖는다. 즉, 이 문장에서는 you가 주어가 되었으므로 승강기의 이용객이 남들 보기에 견디기 힘든 존재라는 뜻이 되어버린다 - 옮긴이)

부다페스트의 한 동물원에서는 '동물들에게 먹이를 주지 마세요. 적당한 음식을 가져오셨다면 담당 경비원에게 주세요'라는 공지문을 써놓았다. (동물에게 먹일 음식을 경비원에게 먹이라는 뜻으로 오해할 수 있다 - 옮긴이)

어떤 의류 광고문에는 광고주가 생각지도 않았을 문구가 걸려 있다. '숙녀분 자신의 피부로 만든 모피코트(fur coats made for ladies from their own skin; their로 모피를 제공한 동물을 가리키려 했으나 ladies를 뜻하게 되었다 - 옮긴이)'

방콕의 한 세탁소에서는 '좋은 결과를 위해 여기서 바지를 내리세요(Drop your trousers here for best results)'라고 했으며, 로마의 한 세탁소에서는 '숙녀 여러분, 여기에 옷을 벗어놓고 오후에 즐거운 시간을 보내세요(Ladies, leave your clothes here and spend the afternoon having a good time)'라고도 했다.

레스토랑에서도 번역 문제로 많은 손실을 겪었을 것이다. 한 폴란드 식당의 메뉴판에는 '도망치게 놓아준 훈제 오리(roasted duck let loose)'가 있었으며, 스위스의 한 식당에는 '우리 와인은 기대할 바가 하나도 없습니다(our wines leave you nothing to hope for)'라는 경고가 붙어 있다. (부족할 게 없다는 뜻을 나타내려 했을 것이다 - 옮긴이)

핀란드의 한 화장실에는 '물을 잠그시려면 음경을 오른쪽으로 돌리세요(to stop the drip, turn cock to right; cock에는 '수도 꼭지'라는 뜻도 있지만 속어로 남성의 음경을 나타내기도 한다 - 옮긴이)'라는 안내문구가 써 있기도 하다.

프랭크 퍼듀사(Frank Perdue Company)는 치킨 제품을 홍보할 때 마음을 끄는 광고문구를 사용하는 것으로 잘 알려져 있다. 하지만 잘 알려진 광고문구 중 하나는 번역이 아주 잘못되었다. 그 문구의 원래 내용은 '힘센 남성이 부드러운 치킨을 만듭니다(It takes a tough man to make a tender chicken)'였는데, 번역은 '성적으로 흥분한 남성이 병아리를 사랑스럽게 만듭니다' 라고 된 것이다.

많은 중소기업에서는 번역을 잘못하여 그간의 노력을 헛수고로 만들기도 한다. 예를 들어 한 사업가는 비용을 조금이라도 줄여보고자 자카르타에서 판매할 컴퓨터의 사용설명서를 인도네시아 교환학생을 고용하여 번역했다. 그러나 그 학생은 컴퓨터 용어를 잘 알지 못했고, 컴퓨터 '소프트웨어'를 '속옷'으로 번역했다. 그 사용설명서는 아주 재미있는 내용이었을 것이다!

관광객과 외국인 사업가들을 끌기 위한 소규모 판매상들의 노력이 오히려 우스꽝스러운 상황을 만들기도 한다. 예를 들어, 영어를 사용하는 방문객들을 위하여 영어로 번역한 공공표지판은 종종 혼란을 일으킨다.

태국의 백화점에는 '한 층 위에 있는 지하 할인매장을 방문하세요. (Visit our bargain basement one flight up.; basement는 건물의 가장 아래층이다 - 옮긴이)' 라는 표지판이 붙어 있다. 또 다른 태국인은 다음과 같은 잘못된 번역으로 광고를 하려 했다. '당신 엉덩이에 타보실래요? (Would you like to ride on your ass?; ass에는 '당나귀'라는 뜻도 있지만 '엉덩이'라는 뜻도 있다. 원래는 '당나귀를 타보라'는 것이었을 테지만, 무안한 번역이 되어버렸다 - 옮긴이)

일본의 한 일본식 정원에는 다음과 같은 영어 간판이 붙어 있었다. 'Japanese garden is the mental home of the Japanese(일본식 정원은 일본인들의 정신병원입니다).' ('정신적 고향'이라는 표현을 하고 싶었겠으나, mental home은 정신병원이라는 뜻이다 - 옮긴이)

영어로 번역을 하면서 그 의미를 상실한 표지판은 세계적으로 무수히 많다. 베오그라드의 한 호텔 엘리베이터에는 '승강기를 움직이려면 원하는 층의 버튼을 누르세요. 승강기가 더 많은 사람들에게 들어가야 한다면, 각각 원하는 층의 번호를 눌러야 합니다. 그러면 국가별 알파벳순으로 운행할 것입니다.' 라는 안내문이 붙어 있다. (to move the cabin, push button for wishing floor. If the cabin should enter more persons, each one should press a number of wishing floor. Driving is then going alphabetically by national order.; 도통 무슨 뜻인지 모르게 횡설수설이며, 문법적으로도 잘못되었다 - 옮긴이)

아테네의 한 호텔에는 방문객들에게 '매일 오전 9시에서 11시 사이에 사무실에서 불만을 말해달라(complain at the office between the hours of 9 and 11 a.m. daily)' 고 부탁하고 있다.

유고슬라비아의 한 호텔에는 '속옷을 눌러서 평평하게 하는 일은 객실 담당 여종업원의 업무입니다(the flattening of underwear with pressure is the job of the chambermaid.)' 라는 안내문이 붙어 있다.

도쿄에 있는 한 바에서는 '남성 성기를 가지고 있는 숙녀를 위한 특별 칵테일(special cocktails for the ladies with nuts; 원래는 땅콩과 함께 서비스한다는 뜻을 나타내려 했겠지만, nuts는 미국 속어로 남성의 성기를 의미한다 - 옮긴이)'을 주문할 수 있다.

도쿄의 자동차 대여업체에서는 운전자를 위해 다음과 같은 내용의 소책자를 인쇄했다. '보행자가 시야에 나타나면 경적을 울리시오. 처음에는 음악을 연주하듯 경적을 울리고, 여전히 앞길을 가로막고 있다면 힘껏 울리시오.'(When passenger of foot heave in sight, tootle the horn. Trumpet him melodiously at first, but if he still obstacles your passage then tootle him with vigor.; 뜻을 이해할 수는 있지만 문법적으로 잘못된 영역이다 - 옮긴이)

라이프찌히의 한 엘리베이터에는 '승강기에 뒤로 타지 마시오. 단, 술 취했을 때는 가능함. (Do not enter lift backwards, and only when lit up).'라는 안내문이 붙어 있었다.

몇 년 전, 한 미국인 사업가는 도쿄의 호텔에서 '객실 담당 여종업원을 꼬셔주시기를 부탁드립니다(You are respectfully requested to take advantage of the chambermaids).'라는 안내문을 본 적이 있다고 전했다. 이런 번역은 그저 오해를 사는 데 그쳤지만, 설비 취급을 다루는 사용설명서의 잘못된 번역은 값비싼 대가를 치러야 했다. 중동 지역의 건설 노동자들은 잘못된 사용설명서 때문에 다치거나 죽는 경우도 있었다.

체코슬로바키아에는 다음과 같은 재미있는 간판이 있었다. '저희의 마차여행을 해보세요. 유산하지 않도록 보장합니다.'(Take one of our horse-driven tours. We guarantee no miscarriages.; no miscarriage 로 잘못 운행하지 않는다는 뜻을 나타내려 했겠지만 miscarriage는 사실 '유산'이라는 뜻이다 - 옮긴이)

그런데 이 간판보다 더 재미있는 간판이 프랑스의 한 상점 진열창에 붙어 있었다. '창녀들을 위한 옷을 팝니다(We sell dresses for street walking.; street walking이란 표현은 '부랑 생활' 혹은 더 심하게는 '창녀 생활'이라는 의미를 내포하고 있다 - 옮긴이)' 이 두 간판 모두 번역 실수의 결과라고 보는 것이 가장 적당할 듯 하다.

홍콩의 한 치과의사는 '최신 감리교도에 의해 치아를 뽑아드립니다(Teeth extracted by the latest Methodists; '최신 방법(the latest method)'이라고 표현하려고 했을 것이다 - 옮긴이)'라는 광고를 냈다.

이보다 더 놀랄 만한 간판이 요르단의 한 양복점 창문에 붙어 있었다. 그 내용은 '당신에게 여름 양복을 주문하세요. 주문이 밀리면 엄격한 순서에 의해 고객을 처형할 것입니다. (Order you summers suit. Because if big rush we will execute customers in strict rotation.; 첫 문장은 어법이 틀렸으며, 두 번째 문장의 execute는 '(주문을) 처리하다'라는 뜻이 아니라 '처형하다'라는 뜻으로 해석된다 - 옮긴이)' 였다.

외국인들이 효율적인 커뮤니케이션을 할 수 있도록 도움을 주고자 한 타이완의 한 회사에서는 소책자를 만들어 자신들의 전문기술을 광고했다. 그 내용을 부분적으로 보면, '커뮤니케이션이 새로운 문제였습니다…' 따라서 이 회사에서 '여러분의 아이디어를 앉아서 들어볼 시간이 없는 사람들에게… 명확히 번역하여 줄 수 있습니다…(translet your

idea clearly... to people who have no lot of time to sit or listen...;
translet의 철자는 translate여야 하고, no lot of라는 표현은 없으며, 전체
적으로 표현이 매끄럽지 않다 - 옮긴이)' 라는 식이다. 아무래도 이 회사에
서는 내부의 커뮤니케이션부터 향상시킬 수 있는 인재를 고용해야 할 것
이다.

버지니아주에 있는 한 중국 식당에서는 한자가 거꾸로 뒤집혀 있는 광
고를 지역 신문에 게재했다. 첫 번째 실수는 이해할 만했다. 그러나 이 식
당은 첫 번째 광고를 사과하려는 두 번째 광고에서 또 다시 실수를 했다.
이번에는 한자가 거꾸로 뒤집히지는 않았으나, 순서가 바뀌어져 있었다.
이 식당에서 세 번째 광고를 다시 냈는지는 알 수 없다.

중동의 한 회사에서는 사람들의 관심을 끄는 데 성공했으나, 애초 원
하던 방식으로 성공한 것은 아니었다. 사우디아라비아의 세탁회사에서
는 영어로 세탁료일람표를 붙여놓았는데, 정작 사람들의 주목을 받은 것
은 세탁료가 아니었다. 회사에서 실력 없는 번역자를 채용했던 탓인지
포스터에는 철자가 잘못된 단어가 여럿 있었다. 그중에서도 lady's shirt
에 r자가 빠져 shit으로 적혀 있었다. 소비자들의 반응이 어떠했을지 가
히 상상이 가지 않는가! 정확한 번역의 중요성과 그렇지 못했을 경우 생
기는 부정적인 결과에 대해 쉽게 이해할 수 있을 것이다.

홍콩에 있는 한 호텔의 안내문에 '호텔 수건을 훔쳐가는 것은 금지되
어 있습니다. 부디 당신이 그런 짓을 할 사람이 아니라면 부디 공지를 읽
지 않는 것입니다. (It is forbidden to steal hotel towels, please if you
are not person to do such is please not to read notice.; 뒤죽박죽으

로 된 영역이다 - 옮긴이)'라는 글이 적혀 있었다. 이 안내문을 읽고서 알 수 있는 사실은 누군가 아주 힘들게 외국어로 의사표현을 하려고 노력했다는 점이겠다.

이번에는 캐나다의 퀘벡주에서 일어났던 실수들을 살펴보기로 하자. 대부분이 단순한 부주의 때문에 일어난 실수들이다. 예를 들어 lavage d'auto(car wash; 세차) 대신 lavement d'auto(car enema; 자동차 관장)라는 표현을 사용할 이유가 전혀 없었겠지만, 한 회사는 그런 실수를 저질렀다. 실제로는 'lait frais employe(fresh milk used; 신선한 우유를 사용했음)'란 내용을 자랑하려고 했으면서 'lait frais usage(used fresh milk; 중고 신선 우유)'라고 광고한 회사도 있고, 어떤 회사의 '근사한(terrific)' 펜은 '끔찍한(terrifiantes)' 펜으로 바뀌어 선전되기도 했다. 실제로 이런 어설픈 번역이 끔찍한 일이기는 했다!

자사의 전자제품이 어떤 전압에서도 사용 가능하다고 선전하려던 한 회사는 실제로는 그 전자제품이 어떤 액체도 다 없어지게 한다고 선전했다. 자신들의 제품이 심장질환을 완화시켜준다는(reduce heartburn) 내용인 줄 알았는데 나중에 알고 보니 마음의 따뜻함을 줄여준다는 (reduce warmth of heart) 광고였다면 어떨지 상상해보라. 또 다른 불운한 회사는 자신들의 제품이 성공으로 가는 디딤돌이 될 것이라 선전하고 싶었지만, 실제로는 성공의 걸림돌이라고 선전한 꼴이 되기도 했다.

어떤 회사에서는 악센트 부호를 빠뜨려서 곤란을 겪기도 했다. 한 미국 회사는 멕시코계 직원들을 놀라게 하기 위해 연말 파티를 계획했다.

스페인어로 'Happy New Year'라고 적힌 풍선을 포함하여 모든 준비가 완벽하게 되었다. 그러나 año라는 단어의 n 위에 악센트 부호가 빠진 것이었다. 이 부호가 없이 ano라고 하면 스페인어로 '항문'이라는 뜻이 되어버린다. '행복한 새 항문(Happy New Anus)'? 말할 필요도 없이 이 풍선은 자정이 되기 전에 거둬들여야 했다.

이 모든 실수로 알 수 있는 사실은, 아무리 작은 번역상의 실수라도 원래 의도한 메시지와 이 메시지에 대한 시장의 반응에 지대한 영향을 미친다는 점이다. 때로는 아주 사소한 한 글자 때문에 카피 전체의 맥락이 뒤바뀔 수도 있다. 스페인어로 연간보고서를 번역했던 한 불운한 회사의 예를 들어보자. '우리의 방대한(vast) 사업에서 기록적인 매출을 달성했으며…' 라는 문장에서 vast란 단어가 basto라고 번역되었다. 그러나 vasto라고 번역을 했어야 했다. 번역상의 이런 실수 때문에 문장 전체의 뜻은 '우리의 잔인하고 반문화적인 사업에서 기록적인 매출을 달성했으며…' 라고 바뀌었다.

마이크로소프트사(Microsoft)는 멕시코에서 제품을 판매하며 실수를 저질렀다. 워드 6.0 프로그램에 내장되어 있는 사전에서 제시하는 동의어가 반감을 샀던 것이다. 예를 들자면 스페인어로 흑인을 입력하면 이에 대한 동의어로 '식인종', '야만인' 같은 단어가 추천되었다. 또 '인디언'을 입력하면 '식인 야만종족'이라는 동의어가, '레즈비언'에는 '사악한' 혹은 '괴팍한' 같은 단어가 추천되었다. 한편 '서양'이라는 단어에는 가장 긍정적인 동의어가 추천되었는데, '백색의', '문명적인', '고상한' 등의 단어들이 그것이었다.

그런 뜻으로도 번역된다구?

두 번째 범주에 속하는 번역상의 실수는 한 가지 이상의 의미를 지닌 메시지를 번역하는 경우이다. 파커 펜사(Parker Pen Company)가 겪은 고생의 예를 들어보면 다중의 의미를 지닌 단어나 문장을 아무 생각 없이 번역했을 때 얼마나 복잡한 문제가 발생할 수 있는지 알 수 있다. 라틴 아메리카 지역을 대상으로 한 광고에서 그 회사는 볼펜이라는 단어를 bola라고 번역하려 했다. 그런데 라틴 국가들에서 이 단어가 각기 다른 의미로 사용된다는 사실을 알게 되었다. 어떤 나라에서는 원래 의도한 바대로 'ball'이란 의미를 지니고 있었지만, 어떤 나라에서는 '혁명'이란 뜻이기도 했다. 또 다른 나라에서는 외설스러움을 나타내기도 했고, 또 다른 나라에서는 '거짓말'이나 '위조 문서'를 뜻했다. 다행히도 회사에서는 이런 번역상의 문제를 미리 알아내어 실수를 방지할 수 있었다.

그러나 몇몇 라틴 아메리카 지역에서 만년필을 시판하려 했을 때는 이런 행운을 누리지 못했다. 파커 펜사의 미국 광고에서는 이 회사의 만년필이 최초로 안심할 수 있는 만년필이었다는 점을 강조했다. 즉, 이 펜을 가지고 다니면 셔츠 주머니에 넣어 다녀도 만년필의 잉크가 새어 나와 당황할 걱정을 하지 않아도 된다는 것이었다. 이 광고도 효과적이었고, 제품도 믿을 수 있어서 파커 펜은 매우 유명해졌다. 그리고 시간이 지나며 파커 펜을 사용하면 난처함을 피할 수 있다는 내용으로 광고가 단축되었다. 이 압축된 버전의 광고문구는 아주 성공적이었기 때문에 예전의 긴 메시지는 당연한 것이 되어 아예 잊혀졌다. 그 후, 라틴 아메리카 지역의 제품 시판이 결정 되었을 때, 미국에서 사용하던 것과 똑같은 내용의 압축된 광고문구가 그대로 번역되었다. 문구는 이러했다. '난처함을 피하세요. 파커 펜을 사용하세요. (Avoid embarrassment - use Parker Pens)' 회사에서는 심지어 펜을 판매하는 건물 외벽에 이 문구를 넣은 금속 간판을 설치하기도 했다. 그러나 회사의 판촉활동 결과는 기대에 미치지 못했다. 무엇이 잘못되었던 걸까? 바로 광고문구에 다중의 의미를 지닌 단어가 있었던 것이다. 스페인어로 embarrassment는 임신을 의미하기도 했다. 그러니 파커 펜사는 알지도 못하는 사이에 자신들의 펜을 피임 도구로 선전하고 있었던 것이다![1]

미국의 치약 제조업체도 '임신' 때문에 골치 아팠던 경험이 있다. 이 회사는 소비자들에게 자신들의 치약을 사용하면 더 '즐거워(interesting)'질 것이라고 약속했다. 그러나 광고 담당자는 몰랐던 사실이었지만, 라틴 아메리카의 몇몇 국가에서는 interesting에 해당하는 단어가 '임신'이라는 뜻을 가지고 있기도 했다.

임신과 관련된 실수를 계속 살펴보자. 한 아랍어 번역가는 미국의 컴퓨터 사용설명서를 자신의 모국어로 번역했다. 전문적인 컴퓨터 용어인 dummy와 load라는 용어를 마주하고서 그는 사전에서 dummy와 load

---

[1] 많은 이들이 파커 펜에서 경험한 '임신' 문제를 언급했지만, 자세한 내용을 다루지는 않았다. 과거의 사건과 원인에 대해 열린 마음으로 솔직하게 토론해주신 파커 펜사의 경영진에게 저자로서 감사를 드린다. 어떤 회사라도 실수를 저지를 때가 있다. 많은 기업에서 파커 펜처럼 도움을 준다면, 그들이 저지른 실수의 숨은 원인에 대해 좀더 명확히 이해하여 앞으로 이런 실수를 피할 수 있을 것이다.

의 뜻이 무엇인지 찾아보았다. 두 단어를 결합하여 그가 아랍어로 번역한 표현은 바로 '가짜 임신'이었다. (dummy를 '바보, 잘못' 등으로 해석하고 load는 '임신'으로 번역한 것이다 - 옮긴이)

미국 낙농협회(The Dairy Association)의 "우유 있어요?(Got Milk?)" 캠페인은 대단한 성공을 거두었는데, 그로 인해 서둘러 멕시코로까지 광고를 확대했다. 그러나 스페인어 번역이 다음과 같이 되었다는 사실을 알고 협회 관계자들은 정신이 번쩍 들었다. '당신은 젖이 나오나요?(Are you lactating?)'

웬디스는 독일에서 두 가지 실수를 저지를 뻔 했는데, 광고회사 직원 덕분에 겨우 이를 피할 수 있었다. 첫 번째 실수. 웬디스는 자신들의 '고풍스런' 스타일을 선전하고 싶어했다. 그러나 독일어로 번역된 광고문구는 자신들이 '유행에 뒤떨어졌다'는 의미였다. 두 번째 실수. 웬디스는 자신들의 햄버거는 256가지 방법(ways)으로 만들 수 있다는 점을 강조하고 싶었다. 문제는? 웬디스가 사용하고 싶어했던 ways란 단어가 독일어로는 '길(roads)' 혹은 '고속도로(highways)'로 번역되었다는 점이다. 물론 이런 실수는 사람들을 즐겁게 만들어주기도 하지만, 소비자들을 혼란스럽게 만들고 회사에 망신을 주기 전에 바로 잡는 것이 훨씬 좋다.

크라이슬러(Chrysler)가 미국에서 성공한 광고문구를 가지고 스페인에서 판촉활동을 벌였을 때, 아마도 스페인 사람들은 한바탕 실컷 웃었을 것이다. 그 광고문구는 '다트는 힘입니다.(Dart is Power; Dart는 크라이슬러의 모델명)'였다. 그러나 스페인어로는 자동차의 운전자가 정력을 필요로 한다는 뜻으로 번역되었다!

　한 스웨덴 회사가 유명한 가전제품 제조업체인 일렉트로룩스(Electrolux)를 인수했다. 그 후 진공청소기의 미국 시장 진입을 위해 '일렉트로룩스는 더 잘 흡입합니다(Electrolux sucks better)'라는 내용의 새로운 광고를 개발했다. 틀림없이 이 회사에서는 흔한 미국 속어를 고려하지 않았을 것이다! (suck이란 단어에는 '빨아들이다'란 뜻도 있지만, 미국 속어로 '품질이 떨어지다' '싫증나다'라는 좋지 않은 뜻이 있다 - 옮긴이)

　태국에는 나무와 빌딩 사이에 위치하여 햇빛을 피할 수 있는 술집이 있었는데, 순진하게도 다음과 같이 스스로를 광고했다. '방콕에서 가장 떳떳하지 못한(shadiest) 술집'. (shady란 단어에는 '그늘진'이란 뜻도 있지만 '떳떳하지 못한', '은밀한'이란 뜻도 있다 - 옮긴이)

　이런 이중적 의미를 지니고 있는 번역은 관련된 회사를 당황하게 한다. 이런 상황에 빠졌던 한 회사는 <플레이보이(Playboy)>지가 매년 수여하는 '바비부부 상(Booby-Boo-Boo Award)'이라는 좋은지 나쁜지 헷갈리는 상을 받는 영예를 안았다.

　미국의 식품회사인 헌트 웨슨(Hunt-Wesson)사는 캐나다에 빅 존(Big John)이라는 패밀리 브랜드를 진출시키며 이 브랜드명을 프랑스어로 번역하는 데 좀 문제가 있었다. Gros Jos라고 번역된 브랜드명이 큰 가슴을 가지고 있는 여인을 의미하는 프랑스어 표현과 같았던 것이다. 그러나 이 경우, 이 회사는 운이 좋았다. 많은 남성들이 Gros Jos를 달라고 하는 통에 판매에는 그리 큰 타격이 없었던 것이다!

이런 재미있는 사건을 경험한 회사가 헌트 웨슨만은 아니다. 한 미국의 항공사는 자신들의 보잉747 제트기를 이용한 해외 여행을 '랑데부 라운지(rendezvous lounges)'라며 화려한 선전을 해댔다. 그러나 이 광고가 브라질까지 퍼지지 않았다면 얼마나 좋았을까. 비행기 광고를 이미 해놓고 나서야 포르투갈어로 rendez-vous에는 '매춘을 하기 위해 빌린 방'이라는 의미가 있다는 것을 알게 되었다. 광고는 사람들의 관심을 충분히 끌었지만, 판매는 순조롭지 않았다. 브라질 사람들은 이 항공사의 비행기에 오르거나 내리는 모습을 다른 사람들 눈에 보이고 싶어 하지 않았다. 여기서 다시 한번 강조하게 되는데, 번역한 메시지가 어떤 뜻을 품고 있는지 완전히 알고 있지 못하면, 나중에 어려움을 겪게 된다.

몇몇 큰 담배회사들도 이중의 의미로 인해 곤란을 경험했다. 스페인어권 국가에서 '저타르(low-tar)' 담배를 광고하면서 brea라는 단어를 잘못 사용한 것이다. brea의 사전적 의미는 tar가 맞는데, 이 단어가 뜻하고 있는 타르의 형태는 바로 도로 포장에 쓰이는 것이었다. 어느 누가 '아스팔트 함유량이 적은' 담배를 선호하겠는가?

일본의 한 박물관에 있는 영어 안내문에서는 '사진촬영과 번식을 금지합니다(Please refrain from taking photographs and reproducing.; '복제'라는 뜻으로 쓰인 reproduce라는 단어는 오히려 '생식'이나 '번식'의 뜻으로 읽힌다 - 옮긴이)'라고 손님들에게 부탁했다. 문자 그대로 번역하는 것은 위험한 일이다. 대부분의 영어권 국가 사람들이 도쿄 가스 전기회사(Tokyo Gas and Electric)의 모토를 모르니 다행이다 — '나의 인생, 나의 방귀(My Life, My Gas)'.

뜻은 원문과 같지만 똑같은 느낌을 전달하지 못하는 번역문도 있다. 한 예로 '어린 아이의 볼기(bottom)처럼 부드러운'이라는 문장이 일본어로는 '어린 아이의 궁둥이(ass)처럼 부드러운'이라고 번역되었다. 비록 원문 그대로의 번역을 포기하고 의역을 해야 하더라도, 원래 의도된 분위기를 살리는 방향으로 옮겨야 한다.

미국의 요리사들이라면 '토마토 페이스트(paste)'가 무엇을 뜻하는지 잘 알 것이다. 하지만 이것을 아랍어로는 어떻게 번역해야 할까? 가장 근접한 번역은 '토마토 글루(glue)'이다. 그러나 번역자는 '토마토 퓨레(puree)'에 해당하는 아랍어 단어를 사용하여 번역했다. 훨씬 더 감칠맛이 나지 않는가?

때때로 사람들은 단어의 두 가지 의미가 잘 알려져 있는데도 그 사실을 잊어버린다. 시장조사를 하면서 어려움을 겪은 한 회사를 예로 들어보자. 이들이 얻고자 한 정보는 독일의 연간 세탁기(washer) 생산에 관한 것이었다. 그런데 자신들이 원했던 세탁기(washing machine)에 대한 정보는 없고 메탈와셔(볼트나 너트로 물건을 죌 때 너트 밑에 넣는 둥글고 얇은 금속판 - 옮긴이)에 대한 자료만 들어온 것이었다. washer에 두 가지 뜻이 있기 때문이었다. 이 경우는 번역된 단어나 번역자에게 문제가 있었다기보다는 원래 단어에 이중적인 의미가 있었기 때문에 벌어진 문제였다.

쿠어스 맥주회사는 광고대행사를 고용하여 미국 내 히스패닉계 사람들을 대상으로 한 쿠어스 라이트 맥주 홍보물을 만들게 했다. 카피라이터는 '답답함을 풀자(Turn it loose)'라는 문구를 스페인어로 번역하려 했다. 그러나 불행히도 번역된 문장의 뜻은 '쿠어스 맥주를 마시고 설사하세요'라는 의미가 되어버렸다. (loose에는 '설사를 하는'이라는 뜻이 있다. 그 뜻에 해당하는 스페인어로 잘못 옮긴 것이다 - 옮긴이) 이 광고는 굉장한 관심을 받았지만, 쿠어스 맥주가 바라던 관심과는 종류가 달랐다.

트로피카나(Tropicana)사는 마이애미에서 오렌지 주스 판매를 시작했는데 그 이름은 jugo de China였다. 푸에르토리코에서 China는 '오렌지'를 의미했다. 그러나 마이애미의 쿠바인들에게는 그 뜻이 아니었다. 결국 쿠바인들은 이 제품을 '중국에서 온 주스'라고 생각했고, 그리 관심을 갖지 않았다.

마이애미에서는 이렇게 종종 언어 문제로 실수가 일어난다. 이곳에는 다른 언어를 사용하는 다른 문화의 사람들이 공존하고 있다. 혹은 같은 단어를 다른 의미로 사용하기도 한다. 예를 들어 bichos라는 단어를 보자. 멕시코인들에게 이 단어는 '벌레'를 의미한다. 그러나 푸에르토리코인들에게는 남성의 은밀한 부분을 의미한다. 따라서 모든 bichos를 박멸해준다는 내용의 포스터로 제품을 홍보한 살충제회사는 마이애미에서 성공하기 힘든 것이다!

마지막으로 금융업계에서 한 단어의 다중적 의미로 말썽이 되었던 예를 들어보겠다. 중동의 한 은행을 인수하려는 미국의 한 은행에게 30일간의 시간이 주어졌다. 최종협상과정에서 미국 은행의 협상단은 차입금을 에스크로 계정(특별한 용도 승인을 받은 후에만 출금할 수 있는 계정 - 옮긴이)에 넣어달라고 했고, 이 말은 중동 은행의 협상단에게 프랑스어로 전달되었다. 그들은 매우 모욕을 받았다는 듯 언성을 높이며 협상장소를 떠났다. 그리고는 외쳤다. "좀 남겨서 빼돌리겠다고? 어림없지!" 오해의 발단은 바로 escrow라는 단어였는데, 이 단어를 프랑스어로 번역하면 '속이다, 부정을 저지르다'라는 뜻이었다. 무척 화가 난 중동의 은행은 다른 구매자를 찾기로 했다.

국제 비즈니스의 여러 요소 중에서 번역은 핵심적인 역할을 한다. 또한 번역의 정확성은 무척이나 중요하다. 아주 사소한 번역상의 실수로 인해 기업은 큰 손해를 볼 수 있음을 명심하자.

그런 관용표현인 줄 몰랐어!

우리는 앞에서 단순한 부주의로 인한 번역상의 실수뿐만 아니라 여러 가지 의미를 지닌 단어로 인한 실수도 살펴보았다. 이제 살펴볼 세 번째 경우는 바로 관용어구와 관용표현을 번역할 때 일어나는 실수이다. 모든 언어에는 관용표현이라는 독특한 측면이 있는데, 이 부분이 아마도 번역에서 가장 어려운 작업에 속할 것이다. 아래의 예를 보자.

대부분의 회사는 알고 있겠지만, 원래 의도된 의미로 광고문구를 번역하려면 단순히 두 나라 언어의 사전만 가지고는 해결이 안 된다. 그러나 어떤 기업에서는 가장 단순하게 단어 그대로의 뜻만 옮긴 번역으로 자신들의 상품을 광고한다. 그 결과 원래 생각과는 전혀 다른 상품을 선전하게 되기도 한다. 예를 들어 한 미국 회사는 스페인어를 사용하는 대중을 향해 자신들의 양말을 신지 않으면 '일어설 두 다리를 가지고 있지 않은 것'이라는 광고를 하려 했다. 그러나 실제로 이 회사가 번역하여 사용한 문장은 '양말을 신은 사람은 외다리'라는 의미였다.

프랑스어를 사용하는 퀘벡에서도 직역으로 인한 문제가 발생했다. 한 세탁비누회사가 광고캠페인을 벌였는데, 자신들의 비누가 세척력이 아주 강하며 특히 빨래의 오염이 심한 부분(les parts de sale)의 때를 잘 빠지게 해준다고 강조했다. 비누의 판매량이 감소하자 회사에서는 그 이유를 조사했고, 그 결과 캠페인에서 강조한 'les parts de sale'이라는 표현이 미국 속어로 말하자면 '신체의 은밀한 부분'을 뜻한다는 사실을 알게 되었다.

'발끝으로 톡 치는(touch-toe)'이라는 영어 표현으로 인해 한 치과 의료기기 제조업자는 실수를 하기도 했다. 이들은 소련 시장에 내보낼 광고지에, 자사의 치과용 의자는 '발끝으로 톡 쳐서' 작동할 수 있다고 설명했다. 그러나 러시아어로 번역한 이 부분의 설명을 읽은 러시아인들은 치과용 의자를 작동하기 위해서는 의사가 맨발인 채로 있어야 한다고 이해했다. 그러니 얼마나 이상한 장치였겠는가!

이 외에도 잘못 번역된 영어 관용어구나 관용표현을 보면 얼마나 자주 이런 실수가 벌어지는지 알 수 있다. 한 유럽 회사는 '눈에서 멀어지면 마음에서도 멀어진다(Out of sight, out of mind)'라는 표현을 태국에서 '안 보이는 것은 미친 것이다(invisible things are insane)'라는 뜻으로 번역하는 실수를 저질렀다. '마음은 하려 하나 몸이 따라주지 않는다(the spirit is willing, but the flesh is weak)'라는 표현도 '술은 괜찮은 상태이나 고기는 상했다(the liquor is holding out all right, but the meat has spoiled)'라고 번역된 적이 있다. (spirit에는 '알코올' 혹은 '주정'이라는 뜻도 있다 - 옮긴이)

마지막으로 Schweppes Tonic Water의 이탈리아어 번역인 il water의 예를 보도록 하자. 이 번역은 서둘러 Schweppes Tonica라고 고쳐야 했다. il water라는 표현은 관용어구로 화장실을 이르는 말이었기 때문이다.

위의 예를 통해 얻을 수 있는 교훈은, 원래 의도된 바를 전달하기 위해서는 주의를 기울여 번역해야 한다는 점이다. 반드시 원래의 단어 뜻에 충실한 직역을 해야 할 필요는 없다. 아래에서 미국에서 사용하는 10개의 관용표현을 예로 들어 이를 설명하도록 하겠다. 즉, 아래의 표현들을 퀘벡에서 사용하고 싶다면 프랑스어 번역은 영어식 표현과 똑같이 직역을 하기보다는 현지에서 사용되는 관용표현을 사용해야 할 것이다. 다음에서 첫 문장은 미국에서 사용되는 표현이고, 그 다음 문장은 프랑스계 캐나다인들이 사용하는 똑같은 의미의 표현이다.

"to murder the King's English(서투른 영어를 쓰다)"라는 문장은 '스페인 암소처럼 프랑스어를 말하다(to speak French like a Spanish cow)'라고 번역되어야 한다. (각각 영어와 프랑스어를 잘 못한다는 고유의 표현 - 옮긴이)

'얕잡아볼 수 없다'란 표현은 영어로는 "nothing to sneeze at(sneeze at: 재채기하다)"이고, 프랑스어로는 "nothing to spit on(spit on: 침을 뱉다)"이라고 한다.

'우연히 알게 되었다'란 표현은 "a little birdie told me so"이고, 프랑스어로는 "my little finger told it to me"라고 한다.

'중립적인 자세를 취하다'란 영어 표현은 "to be sitting on the fence"이고, 프랑스어로는 "to swim between two streams"라고 한다.

'숙취가 남아 있다'란 영어 표현은 "I have a hangover"이고, 프랑스어에서는 "I have a sore hair"라고 한다.

'울적한 기분에 술을 한 잔 하다'란 영어 표현은 "to cry in one's beer"이고 프랑스어로는 "to have the sad wine"이라고 한다.

'이해를 못하다'란 영어 표현은 "unable to make head or tail of it"이고, 프랑스어로는 "to lose one's Latin"이라고 한다.

'침소봉대하다'란 영어 표현은 "to make a mountain out of a molehill"이고, 프랑스어로는 "to drown in a glass of water"이다.

'이제 와서 그런 일을 하기에는 늦었다'란 뜻으로 영어에서는 "you can't teach an old dog new trick"이라는 표현을 쓰지만, 프랑스어로는 "one does not teach an old monkey to make faces"라고 한다. [2]

문장 전체를 새로운 단어로 바꾸어야 할 필요는 없다. 단어 하나만 바꾸어도 뜻이 통할 수 있다. 한 나라의 사람들이 옳다고 여기는 단어나 소리가 다른 나라 사람들에게는 전혀 엉뚱하게 받아들여질 수 있다. 예를 들어 동물들의 울음소리를 표현할 때 사용하는 의성어를 보도록 하자. 사실 어느 나라에서나 동물들은 같은 소리로 울겠지만, 사람들이 듣고 표현하는 방식은 나라마다 다르다. 애완동물의 사료와 관련 제품을 판매하는 회사, 또는 판촉활동에 동물을 등장시키는 시도를 하려는 회사에서는 그 동물의 울음소리를 묘사하며 더더욱 주의를 기울여야 하겠다. 효과적인 메시지를 전달하려면 현지 사람들이 이해할 수 있는 언어로 메시지를 전달해야 한다는 점을 명심해야 한다.

---

2 이 목록은 모리스 브리즈부아(Maurice Brisebois)가 쓴 <퀘벡에서의 산업 광고와 마케팅 (Industrial Advertising and Marketing in Quebec)>(*The Marketer*, 1966년 봄·여름호, p.10)에서 참고했다.

KEY POINT

- 국제 비즈니스에서는 부주의한 번역, 다중의 의미를 간과한 번역, 관용표현을 무시한 번역 등 번역으로 인한 다양한 실수가 일어난다.
- 잘못된 번역은 국제 비즈니스에서 마케팅과 협상을 방해할 뿐 아니라 사업 자체에 큰 피해를 줄 수 있다.
- 해당 언어의 전문가를 통해 주의 깊게 번역해야 한다.

잘못된 번역은 국제 비즈니스에서 일어나는 가장 많은 실수의 원인이다. 이런 번역의 실수는 마케팅과 협상을 방해할 뿐만 아니라 사업 자체를 엉망으로 만들 수 있다. 이런 실수가 일어나는 이유는 번역자의 단순한 부주의 때문이기도 하고, 단어가 지닌 여러 가지 뜻을 구별하지 못하거나 미묘한 뉘앙스를 파악하지 못했기 때문이기도 하며, 번역하기 힘든 관용표현 때문이기도 하다.

다행히도 번역상의 실수는 가장 피하기 쉬운 실수이기도 하다. 번역은 반드시 해당 언어의 전문가에게 맡겨야 하고, 번역자는 해당 언어의 다양한 뉘앙스와 속어, 관용표현, 그리고 문화와 관습을 주의 깊게 살펴 번역을 해야 한다.

Chapter 6

경영관리상의 실수

한국의 한 기업이 사우스캐롤라이나주에서 편물공장을 운영하고 있었다. 어느 날 한 미국인 직원이 한국인 상사를 자신 쪽으로 오게 하려는 생각으로 손바닥을 위로 하고 둘째손가락을 구부렸다 폈다하는 동작을 무심코 취했다. 그 직원은 상사의 관심을 끄는 데는 성공했으나, 그의 이런 행동을 보고 상사는 몸과 마음이 모두 그에게서 멀어졌다. 실제로 그 직원은 거의 해고 직전까지 갔다. 미국인들이 누군가를 부를 때 쓰는 그 손가락 동작이 한국에서는 무척 버릇 없는 행동이었던 것이다!

경영(management)이란 무엇인가를 관리·운용 혹은 통제하는 행위나 방식, 혹은 실무를 뜻한다. 이 단어의 사전적 정의만 봐도 왜 사업 분야에서 경영과 관련된 실수가 그렇게 많이 일어나는지 잘 알 수 있다.

카리브해 연안의 작은 국가에서 프레젠테이션을 했던 한 미국 기업 임원의 실수를 보면 경영으로 인한 실수가 어떤 것인지 알 수 있다. 그 회의는 수상 회의실에서 열렸다. 임원은 프레젠테이션을 시작하며 '존경하는 톨리스(Tollis) 수상 각하, 그리고 존경하는 각료 여러분'이라고 말했다. 수상은 여러 번 그를 제지하며 다시 시작할 것을 부탁했다. 결국 다른 사람이 당황하고 어쩔 줄 몰라 하고 있던 임원에게 이야기를 해주었다. 톨리스 씨는 6개월 전에 해임되었다고!

불행하게도 사람들은 종종 경솔한 일을 저지른다. 그러나 조심성 없는 대화는 값비싼 대가를 치르게 된다. 자기네들과 다른 언어를 사용하는 나라에서 종종 잊어버리는 사실은 바로 현지인들 역시 다양한 외국어를 말할 수 있다는 것이다. 자신들의 모국어로 말한 내용을 상대방도 다 이해하고 있다는 것을 너무 늦게 알아채는 경우가 흔하다. 사실, 미국을 방문하는 사람들은 미국인들이 자신들의 모국어를 이해하지 못한다고 생각하는데, 그러다가 곧 후회를 하게 된다. 예를 들어 한 이탈리아 사업가는 미래의 미국인 투자자를 만나기 위해 로스앤젤레스로 날아갔다. 미국인 운전사가 공항으로 이탈리아인을 마중 나왔다. 운전사가 이탈리아어를 이해하지 못할 것이라고 생각한 그 사람은 동행한 파트너에게 이탈리아어로 미국인 투자자에 대한 험담을 했다. 그러나 이탈리아어를 할 줄 알았던 운전사는 이 내용을 상사에게 보고했고, 결국 협상은 무산되었다.

경영에는 여러 가지 측면이 있다. 우선 프랑스의 르노(Renault)사의 경우를 보자. 다른 많은 기업들처럼 르노 역시 다양한 교역방식을 사용했는데, 이로 인한 결과는 뒤죽박죽인 성공이었다. 다른 물품과 자동차를 교환하는 것은 이익이 남는 일일 수 있다. 그러나 교환한 제품이 제대로 팔렸을 경우에나 그렇다. 남아메리카에 자동차를 판매하기 위해 르노는 커피원두를 결제대금으로 받았다. 전 세계의 일용품 시장에서 커피원두는 쉽게 팔릴 수 있기 때문에 이 계획은 안전할 듯 보였다. 그러나 르노에서 이 커피원두를 그냥 도매로 팔지 않고 인스턴트커피를 생산하기로 하면서 문제가 생겼다. 유창한 말로 구슬리는 한 사업가의 신용도를 조사해보지도 않고 르노는 그 사기꾼이 말한 '기적의 신공정'을 도입하여 인스턴트커피를 생산하는 공장 두 채를 건설하기로 했다. 르노에서는 이 사기꾼이 예전에도 다른 국제 비즈니스 안을 가지고 법적인 문제에 걸렸었다는 사실을 나중에야 알게 되었다. 그러나 소위 '기적의 공정'이 제대로 작동하지 않는다는 사실을 알아내기 전에 사기꾼은 이미 도망가버리고 없었다. 르노는 이 일로 1억2천만 달러의 손실을 보았다. 그러나 아주 귀중한 교훈을 얻게 되었다.

임페리얼 이스트먼사(Imperial-Eastman Corporation)는 다양한 해외사업을 수행하면서 수많은 문제를 경험했다. 한번은 미국 본사 직원을 현지에 충분한 기간 동안 배치하지 않았다가 예상하지 못한 어려움을 겪었다. 회사 경영에 무척 중요한 초창기 기간이 완전히 종료되기도 전에 미국 본사 직원들을 철수시키고 현지에서 고용된 직원들로만 운영하도록 한 것이다. 그러나 심각한 문제가 발생하면서 임페리얼 이스트먼사는 다음과 같은 사실을 알게 되었다. 즉, 현지에서 고용한 직원들은 초기 경영에서 발생하는 어려운 문제를 해결하기에 덜 능숙하다는 점이었다. 또 다른 사업에서는, 필요량이 처음부터 잘못 파악되어 제품 배달이 뒤엉킨 적이 있었다. 회사에서는 지연된 배달을 기다릴 수 없었고, 하청업자는 제때에 배달을 할 수 없었기 때문에 큰 손실을 입게 되었다.

현지인 매니저와 미국인 매니저의 인원수를 균형상태로 맞춰놓는 것도 성공적인 운영을 위해서는 필요하다. 임페리얼 이스트먼에서는 경험이 부족한 현지인 매니저들에게 너무 많이 의존했다가 문제를 경험했고, 제너럴 일렉트릭(GE)에서는 매니저급을 거의 미국인으로만 채웠다가 문제를 경험했다. 회사의 경쟁 상대는 현지의 상황을 잘 알고 있는 현지 기업인들이다. 그러나 미국인 직원들은 현지의 사업관행을 잘 모르기 때문에, 비록 고의는 아니겠지만 회사의 경쟁력을 떨어뜨리는 경우도 있다.

제너럴 일렉트릭은 프랑스에서 문화적 차이로 인한 경영상의 문제를 경험했다. 프랑스인 직원들은 공식 장소에서 GE의 티셔츠를 입어야 한다는 규칙이나, 영어로 된 포스터를 곳곳에 부착해놓은 점이나, 또 GE의 프랑스 지사가 마치 미국 영토의 연장선인 듯 행동하는 점 등에 대해 기분 나빠했다. 결국 양측은 타협을 하게 되었지만, 직원들의 사기는 이미 크게 손상되어 있었다.

위에서 설명한 예는 다국적기업에서 흔히 벌어지는 경영상의 실수이다. 경영에서 문제가 발생하는 이유는 외국에서 온 경영진이 이해하지 못하는 문화적 차이 때문이거나 혹은 노사관계 때문이다.

문화적 차이를 무시한 경영의 최후

한국의 한 기업이 사우스캐롤라이나주에서 편물공장을 운영하고 있었다. 어느 날 한 미국인 직원이 한국인 상사를 자신 쪽으로 오게 하려는 생각으로 손바닥을 위로 하고 둘째손가락을 구부렸다 폈다하는 동작을 무심코 취했다. 그 직원은 상사의 관심을 끄는 데는 성공했으나, 그의 이런 행동을 보고 상사는 몸과 마음이 모두 그에게서 멀어졌다. 실제로 그 직원은 거의 해고 직전까지 갔다. 미국인들이 누군가를 부를 때 쓰는 그 손가락 동작이 한국에서는 무척 버릇 없는 행동이었던 것이다!

사람들이 어떻게 옷을 다르게 입는지, 또한 사업상 적합한 옷차림으로 간주되는 것은 무엇인지도 문화적 차이에 해당한다. 사우디아라비아에 물건을 팔러 간 스페인 사람들이 저지른 실수는 유명하다. 스페인 대표단 모두는 사우디아라비아인들을 구슬려서 그들의 '오일머니'로 스페인 제품을 구매하게 할 수 있을 것이라고 자신했다. 대표단에는 젊고 똑똑하며 영어와 스페인어를 모두 구사할 줄 아는 여성들이 있었는데, 이들은 모두 최신 스타일의 옷을 입고 있었다. 그러나 사우디 경찰은 그들의 미니스커트를 보고는 전체 대표단을 모두 그 다음 비행기에 태워 스페인으로 다시 보내버렸다. 사우디아라비아 문화에서 여성은 맨 다리를 노출할 수 없었던 것이다.

타문화권에서 직원을 해고할 때는 현지에서 쓰이는 적절한 방법을 알고 있어야 한다. 친숙한 문화권에서도 누군가를 해고하는 일은 어렵다. 그러니 외국에서, 그것도 그 지역의 문화를 완전히 알지 못하는 상태에서라면 더더욱 어려울 것이다. 인도네시아의 한 미국인 매니저는 유전굴착 일을 하는 인부를 해고하려다가 이런 사실을 최근에야 알게 되었다고 한다. 당사자를 개인적으로 불러 해고 사실을 통보하는 대신, 미국인 매니저는 비서에게 그를 내보내라고 공개적으로 말한 것이다. 인도네시아에서 이런 공개적인 해고는 당사자를 '망신' 시키는 것이며, 납득하기 힘든 일이었다. 따라서 해고당한 사람이나 그 친구들에게까지 반감을 사게 되었다. 해고된 사람은 조용히 짐을 싸서 떠나는 대신에 소방용 도끼를 들고 미국인 매니저를 뒤쫓아 갔다. 알려진 바에 따르면, 이 미국인은 겨우 구출될 수 있었다고 한다. 이 예를 통해 알 수 있듯이, 현지의 관리스타일과 관습을 무시하면 위험한 상황에 이를 수도 있다!

회의를 성공적으로 마친 후 사우디아라비아로 돌아가는 파트너를 공항까지 배웅하던 한 미국인 사업가는 "여러분 모두 다시 오세요"라고 마지막 인사를 했다. 그러나 사우디아라비아의 사업가는 엄청나게 불쾌해했다. 자신과 자신의 운전사가 미국에 함께 초대를 받는다는 것은 있을 수도 없는 일이었기 때문이다.

또 다른 미국인 매니저는 중요한 거래를 성사시키라는 임무를 띠고 말레이시아로 파견되었다. 그곳에서 그는 한 사람을 소개받았는데, 소개받은 사람의 이름을 로저(Roger)로 알아듣고 협상 과정 중에 몇 번 "Rog"라고 부르기도 했다. 그러나 불행히도, 이 중요한 미래의 고객은 '라자(Rajah)'였다. 그리고 이 단어는 이름이 아니라 말레이시아에서 귀족임을 나타내는 중요한 칭호였던 것이다. 이 사건의 경우, 이름을 부르는 미국인들의 습관, 특히 약칭을 쓰는 습관 때문에 중대한 실수를 저지른 것이다. 결국 상대방에게 존경을 표시하기는커녕 이 미국인은 오히려 무례를 저질렀고, 자신의 무식함을 들킨 꼴이 되었다. 실수를 알아챘을 때는 이미 좋지 않은 결과가 나온 뒤였다.

항상 자신이 만나게 될 사람에 대해서는 미리 알아보고, 그 사람에 대한 호칭을 어떻게 해야 할지에 대해서도 알아 놓을 필요가 있다.

한 브라질 임원은 회사에 중대한 문제를 안겨주기도 했다. 그는 미국에서도 자신의 비서를 하녀 다루듯 한 것이다. 개인적인 쇼핑을 시켰을 뿐만 아니라 심지어 옷을 꿰매는 일까지 시켰다고 한다!

일본의 브리지스톤(Bridgestone)사는 미국의 파이어스톤(Firestone) 타이어회사를 인수할 때, 기대만큼 일이 잘 진행되지 않았다. 파이어스톤의 전 사장인 존 네빈은 자신의 스타일이 훨씬 은근한 자세를 취하는 일본인들에게 괴팍하고 까다롭게 보였을 것이라는 사실을 인정했다. 네빈 사장은 덜 직접적이고 덜 강압적인 태도를 취해야 했고, 일본인들은 미국 스타일의 솔직함을 좀더 알아야 했다. 양측은 뒤늦게 서로에게 맞추려 노력했지만, 쉽지 않았다. 결국 새로운 담당자가 일을 맡아야 했다.

밀워키에 근거를 둔 맨파워(Manpower)사의 사장 미첼 프롬스타인은 1987년에 영국의 인력고용회사인 블루 애로우(Blue Arrow)사에서 맨파워(Manpower)를 인수했다고 밝혔다. 그러나 블루 애로우사는 미국의 노동시장이 영국의 노동시장과 어떻게 다른지 이해하려는 노력을 거의 하지 않았다. 심지어 미국 시장을 겨냥한 회사의 소식지에서도 미국의 관점이 전혀 들어가지 않았다. 미국 담당자들은 공개적으로 여기에 반발하기 시작했다. 결국 미국인들은 합병회사의 관리를 받지 않기로 했다.

라스베가스에 있는 한 일본인 소유의 카지노에서는 일본식 경영기법을 사용하려다가 문제를 겪었다. 그들은 의사결정을 내릴 때 일본식 방법인 '합의'를 통하려 했다. 이 방식은 일본의 많은 기업에서는 통용되었으나 급속도로 돌아가는 카지노 사업에서는 너무 느리고 성가신 일이었다.

한 미국 회사에서는 상당한 비용을 들여서 조심스럽게 유럽 지사 중 한 곳의 대량 인원감축을 계획했다. 그러나 그 계획을 막 시행하려던 참에 그런 해고가 불법이라는 사실을 알게 되었다. 만약 담당자들이 현지의 노동법을 미리 알았더라면 시간과 비용을 절약할 수 있었을 것이다.

배타적 민족주의에 젖어 있던 스페인의 한 회사를 인수한 새로운 미국 소유주는 이 회사의 스페인식 이름을 미국 본사의 이름으로 바꾸고, 회사 깃대에는 미국 국기를 휘날리게 했다. 그리고는 최고의 선진기술을 도입하겠다고 널리 알렸다. 심지어 미국 기업이 인수하기 전에 그 회사를 운영했던 사람들은 경쟁력이 없었다고까지 떠들어댔다. 그리고 저명한 미국 경영 잡지와의 인터뷰에서 자신들의 새로운 경영이 허우적거리고 있던 스페인인들의 경영에 활기를 불어넣어 회사 전체가 쇄신했다고 말했다. 당연히 이 기사는 스페인 언론에 알려졌고, 이 회사와 관련된 스페인 사람들은 크게 분노했다. 이 사건으로 인해 업무가 제대로 되지 않을 정도로 심각한 상황이 벌어졌다. (그 당시 파업은 법적으로 금지되어 있었으므로 태업이 일어났다.) 스페인 언론은 회사에 상당히 타격을 입히는 기사를 보도했고, 스페인 현지 당국은 회사의 운영이 원활히 이루어지지 않을 만큼 까다롭게 굴었다. 결국 새롭게 인수한 그 스페인 지사의 상태는 예전보다 훨씬 악화되었다.

| 사원 채용상의 실수 |

국내 업무에서도 사원을 선발하여 적당한 직위를 주는 것이 어려운 것과 마찬가지로, 국제 업무를 담당하는 직원을 제대로 선발하지 못하면 회사에 큰 재앙이 될 수 있다. 실제로 해외에서의 경영과 판매라는 민감한 일에 문화적 감수성이 떨어지는 직원을 배치하는 실수를 저지른 회사가 여럿 있다.

내 친구 중 한 명은 유출된 기름을 청소하는 제품을 사우디인들에게 판매하는 협상에 관여한 적이 있다고 한다. 거래가 거의 성사될 무렵, 스위스에서의 최종 회의에 어떤 미국 은행의 직원들을 배석시켰다. 회의에 참석한 은행의 고위 임원은 이 거래의 세부사항을 잘 알고 있었다. 그러나 은행 보좌진 중의 한 명이 자금 동원에 대한 주제가 나왔을 때 실수를 저질렀다. 은행에서는 좀더 조심성 있게 브리핑하도록 직원들을 미리 교육시켰어야 했다. 이 보좌진에게 자금문제를 어떻게 처리하겠냐고 질문하자 그는 다음과 같이 대답했다. "구매자가 아랍인만 아니라면 문제없습니다. 아랍인들은 도통 믿을 수가 없지요."

그런데 사우디인들은 한 사람이 은행 전체의 태도를 꼭 대표하는 것은 아니라며 성숙한 태도를 취했다. 은행의 고위 임원이 즉시 사과를 하자 사우디인들은 좀 생각할 시간이 필요하다고만 대답했다. 그 후, 그들은 은행의 고위 임원을 개인적으로 불러 자신들은 계속 그 은행을 이용하겠다고 말했다. 그러나 앞으로는 반 아랍 정서를 가지고 있는 직원과는 일할 수 없다고 말했다. 그들은 좀 전의 보좌진을 포함하여 누구의 탓도 하지 않았다. (물론 그 직원은 은행에서 해고되었다.)

또 다른 경우, 비교적 경쟁에서 자유로운 기술제품을 새로운 시장에 출시했던 회사가 있었다. 시장 진입에 그리 큰 어려움이 없을 것이라 믿었던 이 회사는 유럽 지역 판매 담당자로 선택한 인물의 개인적 취향에 별 관심을 두지 않고 무심히 지나쳤다. 그러나 이것은 잘못한 일이었다. 선택된 인물은 프랑스인을 싫어했기 때문에 프랑스의 문화나 언어를 이해하려는 노력을 전혀 하지 않았다. 심지어 프랑스인 판매사원들에게도 퉁명스러운 대접을 할 정도로 프랑스를 싫어했다. 그러나 얼마 안 가 경쟁사가 등장했고, 경쟁사는 시장을 상당 부분 잠식해버렸다.

이와 비슷한 경우가 있다. 스위스 루쩨른(Lucerne)사의 한 임원은 일본 회사와 협상을 하면서 일본인에 대한 개인적 감정을 숨기지 못해서 결국 대가를 치렀다. 일본 회사의 사장은 도쿄에서 열린 자사 주최의 한 파티에서 다음과 같이 말했다. "저는 일본인을 싫어하는 사람과는 함께 사업을 하지 않겠습니다!" 루쩨른사의 임원은 자신이 그곳에 머무르는 동안 일본인에 대한 반감을 잘 숨겼다고 생각했다. 그러나 일본 회사의 사장은 그의 얼굴을 보고 다 알아챘던 것이다. 그 계약으로 인해 틀림없이 상호간에 이익을 볼 수 있었음에도 불구하고, 일본인들은 거래를 더 이상 진행시키지 않았다.

직원의 태도만이 중요한 것은 아니다. 아무리 좋은 의도를 가지고 있는 사람이라 할지라도 업무에 적합한 능력을 가지고 있지 않을 수가 있다. 이런 예를 몇 가지 들어보자.

미국의 한 대규모 전자제품 제조업체에서는 스페인에서 조사활동을 하기 위해 세 명의 전문가를 파견했다가 문제를 경험했다. 회사에서는 중요한 사실을 간과한 것이다. 즉, 이 세 명은 모두 스페인어를 하지 못했다. 스페인인들은 이들과 의사소통을 하려고 여러 번 노력해보다가 결국은 이 전문가들에 대한 신뢰를 잃어버리고 말았다. 문제는 점점 악화되었으나, 다행히 나중에 스페인어를 할 줄 아는 담당자가 파견되어 좀 나아졌다.

이와 비슷한 상황은 독일에서도 벌어졌다. 독일어를 조금밖에 할 줄 모르는 한 미국인 매니저가 현지 지사의 매니저와 함께 마케팅 계획을 의논하기 위해 독일에 파견되었다. 그러나 현지의 매니저도 영어를 거의 하지 못했다. 두 사람은 서로를 이해하려고 애썼지만, 두 사람 중 누구도 상대의 의사를 제대로 이해하지 못했다. 두 사람은 나름대로 자신들이 뭔가 합의에 도달했다고 생각하고는 헤어졌다. 나중에야 밝혀진 사실인데, 그들은 회의를 하면서 중요한 여러 가지 사안을 논의하지 못했고, 따라서 회사는 그 후에 상당한 판매의 기회를 놓쳐버렸다.

담당자가 제대로 된 태도를 지니고 있으며, 해당 언어를 할 줄 알더라도 업무에 있어서 꼭 성공한다는 보장은 없다. 레이디온(Raytheon)사는 이탈리아계 미국인을 고용하여 시칠리섬의 영업을 맡겼다. 그러나 이 전략은 기대만큼 효과를 거두지 못했다. 이 경우 문제가 되었던 것은 담당자의 출신지였다. 담당자의 집안은 시칠리섬 출신이 아닌 이탈리아 본토 출신이라서 시칠리 사람들로부터 신뢰를 받지 못했고, 잘 어울리지도 못했다.

해외 근무를 나가는 사람은 효율적으로 업무를 수행하고 실수를 막기 위해 특별한 능력과 성격을 지녀야 한다. 그중에서도 가장 중요한 점은 다음과 같다.

- 사람들과 친화력 있게 지내는 능력
- 문화적 차이에 대한 인식
- 개방적인 태도
- 외국 문화에 대한 포용력
- 새로운 문화, 신념, 도전에 대한 융통성
- 새로운 조건에 쉽게 적응하는 능력

- 맹목적인 추측이 아닌 사실을 중시하는 태도
- 과거의 사업 경험
- 과거의 외국 문화 경험
- 외국어 학습 능력

위의 조건도 절대로 완전한 것은 아니다. 필요한 조건을 많이 갖추고 있어도 때때로 사람들은 실수를 하기 마련이다.

노사관계, 그게 다 거기서 거기일까?

미국 기업을 인수한 많은 외국 기업들은 미국의 노동문화에 적응하며 어려움을 겪었다. 이 점에 있어서는 일본 기업들이 가장 두드러지지만, 유럽 기업들도 이에 만만치 않게 많은 문제를 겪었다. 예를 들어 영국의 그랜드 메트(Grand Met)사는 필즈베리(Pillsbury)사를 인수하고 얼마 안 되어 일부 흑인 중간 관리자를 해고했다가 소수 인종 직원들의 반감을 샀다. (해고된 매니저 중에는 차별 철폐 프로그램의 리더도 포함되어 있었다.) 또 다른 유럽 회사는 회사를 인수하고 이사회를 시작하면서 여성 직원이 커피를 가져다주리라 기대했다가 능력 있는 직원 한 명을 잃었다.

한 일본 기업은 인도네시아에서 사업을 하며, 바탁(Batak)족이 일본인들과 문화적으로 비슷하다는 이유로 그들을 주로 고용했다. 인도네시아의 여러 민족 중 바탁족은 일본인들과 성격이 비슷했다. 그러나 다른 인도네시아인들은 이런 고용제도에 분개했고, 이를 차별로 받아들였다. 그리고 결국 이런 정책을 바꾸라고 회사에 압력을 가했다.

미국의 한 주석광산회사는 볼리비아에서 현지의 다른 경쟁사보다도 높은 임금을 지급했으나, 현지 직원들을 붙잡는 데 어려움을 겪었다. 문제는 봉급지불방식에 있었다. 미국 회사는 주급으로 지불했으나 볼리비아인들은 시급을 원했다. 그들은 때때로 몇 시간씩 휴식을 취하고 싶어 했는데, 주급으로 계산하면 손실이 컸기 때문이다.

이란혁명이 일어나기 훨씬 전부터 미국인들은 이란에서 어려움을 겪었다. 이란인들은 외국인들이 이란인에 대해 차별적으로 대한다고 믿었다. 그런데 한 미국 기업이 이런 생각을 더욱 굳건히 만들어주었다. 그 회사에서는 미국 직원들을 더 우대하지 않겠다고 이란 직원들에게 약속해 놓고서도 미국 직원들에게만 더 나은 건강보험을 제공했다. 이란에서는 말로 이루어진 약속이 매우 중시된다. 따라서 약속을 지키지 못한 회사의 신용은 땅에 떨어졌고, 나아가 외국인들이 이란인을 차별대우한다는 증거 하나를 남겨놓은 셈이 되었다.

유럽은 정부에서 노동자를 보호하려는 측면이 강하다. 따라서 직원을 해고하기가 쉽지 않다. 많은 기업들이 유럽에서 노사문제로 갈등을 겪었다. 그중에서도 가장 센세이셔널한 사건이 프랑스에서 있었다. 제2차 세계대전이 끝난 직후, 많은 미국 기업들이 프랑스로 달려가서 사람들을 고용했고, 사업의 붐이 일어났다. 그러나 봄날은 오래가지 못했고, 상당수의 기업들이 고용을 줄이면서 실수를 저질렀다. 제너럴 모터스, 레밍턴 랜드(Remington Rand), 제너럴 일렉트릭도 직원들을 해고하다가 곤란한 상황에 처했고, 결국 해고 결정을 취소해야 했다.

이탈리아에서도 역시 미국 기업들은 유쾌하지 않은 노동쟁의를 여러 건 경험했다. 레이디온사는 직원들을 해고했다가 결국 수백만 달러의 손실을 보고 시칠리에 있던 공장 문을 닫아야 했다.

또 다른 미국 회사는 이와는 다른 종류의 문제를 경험했다. 이 회사는 경영진과 노동자들이 편한 분위기에서 친근하게 어울릴 수 있도록 양측이 함께 피크닉을 가는 전통을 가지고 있었다. 그래서 회사에서는 이 전통을 스페인 지사에서도 실시하려고 했다. 경영진의 '민주적인' 신념을 부각시키기 위해서 미국인 임원들은 요리사 복장을 하고 음식 대접까지 몸소 했다. 그러나 피크닉으로도 미국인 임원진과 스페인 노동자들 사의의 관계는 좋아지지 않았다. 사실, 이것은 매우 해괴한 이벤트였다. 낮은 계급의 직원들은 단결되어 있었고, 그들은 높은 계층의 사람들로부터 음식 대접 같은 것을 받고 싶어하지는 않았기 때문이다. 임원진이 피크닉 테이블로 다가왔을 때 모든 사람들이 기립 상태로 있었다. 계급 구분과 사회집단에 대한 스페인 사람들의 태도 때문에 노동자들과 회사의 임원들이 자연스럽게 섞이고 친교를 나누는 일이 어렵다는 것을 회사에서는 그제야 알게 되었다.

미국 기업들이 영국에서 겪은 노동문제 중에서 몇 가지는 유명하다. 예를 들어, 포드 자동차는 영국에서 고전을 면치 못했는데, 그 이유는 영국인 매니저와 노동자들이 미국인 매니저들이 더 나은 대접을 받고 있으며 더 많은 권력을 가지고 있다고 생각했기 때문이다. 많은 피고용인들은 이런 명백한 차별에 대해 공개적으로 분노를 표시했다. 일부 핵심 영국인 임원들은 회사를 떠나기까지 했다. 회사에서는 현지에 있는 미국인 직원의 수를 줄였고, 덕분에 문제가 좀 약화되기는 했지만, 영국인들은 본사에서 내려진 명령에 대해서 여전히 반감을 표시했다. 심지어 영국의 한 신문 헤드라인에는 '이곳 포드 공장에서는 디트로이트의 허락 없이는 화장실도 마음대로 짓지 못한다' 라고 실리기도 했다. 그 기사는 그 당시의 사실과 아주 다른 것도 아니었다. 지금은 권력의 상당 부분이 현지의 매니저에게 돌려져 있다. (물론 현지 매니저들은 거의 영국인이다.) 또한 포드의 노사관계도 훨씬 좋아져 있다.

영국의 스톡포트에 있는 로버트 아룬델(Robert Arundel) 텍스타일 기계공장에서는 미국식의 노동문화를 적용하려고 했다가 결국 문을 닫게 되었다. 아룬델 사장은 노동자들의 습관을 바꾸려 한 것이 실수였다고 후에 인정했다. 당시에 그들은 티타임을 없앤다면 생산라인이 훨씬 능률적으로 작동될 것이라고 생각했다. 그러나 노동자들은 정반대로 생각했다! 현지 사람들의 일하는 습관을 억지로 바꾸려 하는 것보다는 경영방식을 바꾸는 것이 더 쉬운 경우가 많다.

- 다른 문화에서는 다른 경영관리 방식을 취해야 한다.
- 해외 진출 전에 현지의 사업 절차, 정부의 요구, 노동문화를 잘 이해해야 한다.
- 해외에서 근무할 사람은 특별한 능력과 성격을 지녀야 한다.

국내에서 통하던 경영 및 관리 방식이 외국에서도 통하는 것은 아니다. 문화가 달라지면 당연히 다른 경영관리 방식을 취해야 한다. 따라서 기업인들은 현지의 문화는 물론이고, 사업 절차, 정부의 요구 사항, 노동문화 등을 제대로 이해할 필요가 있다.

또한 해외에서 근무할 사람은 특별한 능력과 성격을 지녀야 한다. 사람들과의 친화력, 문화적 차이에 대한 인식 및 외국 문화에 대한 포용력, 개방적인 태도, 새로운 문화와 신념, 도전에 대한 융통성, 새로운 조건에 쉽게 적응하는 능력, 사실을 중시하는 태도, 과거의 사업 및 외국 문화 경험, 외국어 능력 등이 그것이다.

Chapter 7

경영 전략상의 실수

아마도 가장 대규모로 구매 실수를 저지른 나라는 나이지리아일 것이다. 1970년대 중반, 원유가격의 가파른 상승으로 인해 원유수익금이 늘어나면서 나이지리아는 본격적인 근대화 프로그램을 시작했다. 한 관료가 장차 건설하려고 계획 중이던 새 건물에 필요한 양의 시멘트를 외국으로부터 한 번에 구매하기로 결정했다. 곧 주문한 시멘트를 실은 배가 속속 도착했다. 부두의 일꾼들이 시멘트를 내리는 속도보다 시멘트가 도착하는 속도가 더 빨랐다. 결국 시멘트를 싣고 온 배들은 짐을 내릴 때까지 기다려야 했다. 일주일도 되지 않아서 항구에는 시멘트를 내리지 못한 배들이 너무 많아졌다. 어떤 이가 배에 있는 시멘트를 내리는 데 걸릴 기간을 계산해보았다. 그랬더니, 라고스 항구에 있는 물량만 하더라도 2천만 톤이 넘었고, 무려 40년이 걸려야 모두 내릴 수 있다는 계산이 나왔다! 결국 많은 양의 시멘트가 바다 속으로 수장되었다.

지금까지 기업들은 아주 다양한 전략적 실수를 저질러왔다. 외국 시장에 진출하는 방법을 선택하면서 많은 실수를 저질렀으며, 공급과 관련된 결정도 상당히 많은 문제를 일으켰다. 또 어떤 전략적 실수는 여러 문제들이 복잡하게 얽혀서 일어나기도 했다. 물론, 이 모든 실수가 회사의 입장에서는 유감스러운 일이었다.

시장 진출에만 매달리다가 그만!

'해외로 진출'하려는 회사는 진출 방법에 있어서 다양한 선택을 할 수 있다. 가장 흔한 방법은 기존의 회사를 인수하거나, 신규 회사를 창업하거나, 현지의 회사와 합작투자를 하거나, 또는 라이선스 협약을 맺는 것이다. 각 방법 모두 장점과 단점이 있다.

예를 들어, 합작투자를 하면 해외로 진출한 회사가 맞닥뜨릴 수 있는 모든 문제를 일시에 없애버릴 수 있을 것처럼 보인다. 합작에 참여한 두 회사의 전문적 기술과 노력이 한데 합해졌기 때문에 심각한 문제나 잠재적 실수가 모두 소멸될 것 같다. 물론 어떤 종류의 실수가 일어날 확률은 분명히 줄어들지만, 또 다른 많은 문제들이 일어날 수 있고, 투자의 성공을 심각하게 위협하기도 한다.

많은 기업들이 합작투자를 하면서 예상하지 못했던 문제를 경험했다. 한 미국 기업은 남아메리카의 한 국가의 캐피털리스트 몇 명과 함께 합작투자를 했는데, 5년이 지날 때까지 자신들이 초기에 어떤 실수를 저질렀는지도 완전히 깨닫지 못했다. 회사가 처음 계약을 맺을 무렵에는 남아메리카의 파트너들이 현지 정부와 좋은 관계에 있었다. 그러나 시간이 지나면서 현지 정부는 이 합작투자에 대해 다양한 형식으로 불이익을 주었고, 결국 이득은 점점 감소했다. 미국 측 투자자는 투자한 돈과 노력과 시간을 잃은 셈이 되었다. 도대체 무슨 일이 일어났던 걸까? 그들은 상황을 철저하게 분석하지 못했던 것이다. 초기 분석에서 그 나라의 정치 상황은 매우 유동적이라는 사실을, 그리고 그곳에서 사업을 하려면 정치적 관계가 매우 중요하다는 사실을 밝혔어야 했다.

한국에서 합작투자를 시도했던 다우 케미컬사(Dow Chemical Company)가 실패한 이유는 여러 가지이다. 그중에서도 가장 중요한 이유는 미숙한 커뮤니케이션 때문이었다. 상호 간에 오해만이 있었고, 제대로 된 커뮤니케이션은 없었다. 그런데 상황이 정말 심각하게 된 것은 다우 케미컬에서 파트너에 대한 불평을 공개적으로 하면서부터였다. 물론 한국인들은 이에 격분했다. 아시아인들은 문제를 공개하지 않고 처리하는 경향이 있다. 따라서 공개적 압박을 가하겠다는 다우 케미컬의 전략은 오히려 더 좋지 않은 결과를 낳았다. 한국인들은 상황이 더 악화되기 전에 차라리 합작투자를 그만두는 수밖에 없다고 생각하게 되었다.

어떤 회사라도 합작투자를 하기 전에는 신중하게 살펴보고 결정해야 한다. 상대편 회사가 합작투자에 열렬한 관심을 가지고 있고, 우리 쪽의 결정을 기다리고 있다고 하더라도, 이런 열정이 곧 성공을 의미하지는 않는다. 한 미국 기업인도 이 사실을 절절히 깨닫게 된 적이 있다. 그는 회사의 유럽 진출을 위해 사전조사를 하면서 여러 벨기에 펌프 제조업체의 임원들을 만나보았다. 그중 한 회사에서 파트너십을 맺는 데 지대한 관심을 보였고, 이들은 곧 합작사업을 시작했다. 벨기에인이 새로 만든 회사의 사장이 되고, 미국인 담당자가 부사장이 되어 제조와 기술 부문을 담당했다. 그러나 얼마 후 이 둘 사이에 마찰이 생겼고, 회사는 위기에 빠질 정도로 손실을 입었다. 파트너십은 깨졌고, 미국 회사는 벨기에 측의 주식을 장부 가격대로 매입했다. 결국, 몇 년이 지난 후에야 그 회사는 이익을 볼 수 있었다. 의심할 것도 없이, 잘못된 파트너의 선택으로 인해 미국 기업은 성공하지 못했던 것이다. 파트너의 선택은 신중하게 해야 한다. 아울러 담당 직원의 성격도 고려되어야 한다.

한 제과회사는 어떤 개발도상국에서 단독 유통업자를 통해 자사 제과 제품 전 라인을 판매하기로 계약을 맺었다. 그러나 유통업자는 몇 가지 제품에만 관심이 있었고 전 제품을 취급해야 한다는 조항에는 동의하지 않았다. 결국 제조업자와 유통업자 사이의 관계가 급속도로 악화되어 이들 양측은 서로 의견을 거의 나누지 않는 지경에 이르렀다. 곧 판매는 격감했다. 불행하게도 이런 사정이 제조업자에게 금방 전달되지 않았고, 그 사이에 많은 양의 제품들은 상해버렸다.

미래의 파트너에 대해 조사를 철저히 하지 못해 실수가 일어나기도 하지만, 때로는 가능한 합작투자나 라이선스 협약의 기회를 놓쳐버리는 실수가 일어나기도 한다. 예를 들어, 카터필러 트랙터사(Caterpillar Tractor Company)에서 제조했다는 부품들이 여러 시장에서 판매되는 일이 있었다. 실제로 카터필러에서는 이런 제품들을 승인한 적도, 제조한 적도 없었다. 그러나 이 회사는 어떤 법적인 보상도 받을 수가 없었다. 진작 이런 특수 부품을 원했던 현지 파트너를 찾아보았다면 카터필러는 큰 이득을 얻을 수 있었을 것이다. 현지 제조업체들은 100% 외국 자본의 소유인 카터필러 트랙터와의 경쟁을 피할 이유가 전혀 없었던 것이다.

합작투자를 시작하기 위해 필요한 결정사항을 분석하기가 힘든 것처럼 라이선스 결정을 내리는 경우도 분석이 힘들다. 딱 맞는 시기에 옳은 결정을 내리지 못하면 결국 긴 안목으로 사업을 전망하기 힘들어지고 잠재적인 이익도 줄어들 수 있다. 이런 경우도 있었다. 미국의 한 제조업체는 영국 기업에게 자사 제품에 대한 제조와 판매 라이선스를 주는 동시에 다른 나라에도 그 기술에 대해 하위 라이선스를 할 수 있는 독점권을 주었다. 그런 결정이 내려졌을 시점에 미국 회사는 해외확장에 별 관심이 없었다. 추가적인 투자는 그만두고 그저 로열티나 받는 것이 가장 좋은 선택이라고 생각했다. 그러나 몇 년 지나지 않아 그 회사의 제품은 세계시장으로 나아가게 되었다. 당연히 이 회사는 영국 기업에게 독점권을 내준 지난날의 결정을 뼈저리게 후회했다.

미국의 한 의약회사도 아시아의 한 기업에게 자사 제조기술의 라이선스를 주었다가 비슷한 경우를 겪었다. 제품 홍보에 열과 성을 다한 아시아 기업은 상당한 성공을 이루어냈다. 그런데 라이선스 조건으로 인해 아시아 기업은 더더욱 굉장한 이익을 얻을 수 있었다. 미국 회사는 제품의 잠재성을 깨닫지 못하고 그 아시아 기업에 라이선스를 준 것이었다. 만약 지분 참여와 같은 좀더 직접적인 형식으로 사업에 관여했다면 더 많은 이익을 볼 수 있었을 것이다. 이 사례에서 알 수 있는 것은 시장과 제품의 가능성에 대해 자세히 조사하지 못한 결과로 기회를 잃을 수 있다는 점이다.

라이선스를 부여받은 쪽은 아무리 그 권리에 대해 만족을 한다고 하더라도 라이선스를 부여한 쪽보다 제품에 대한 애정이 덜한 경우가 있다. 한 미국 기업은 일본 기업에게 독점권을 주었다가 이런 일을 겪었다. 그 일본 기업은 미국 기업의 신제품 중 하나를 20년 동안 제조하고 판매할 수 있는 권한을 부여받았다. 시장조사 결과, 그 제품은 미국에서 굉장한 성공을 거둔 제품으로서, 현재 일본에서 쓰이고 있는 구식 제품을 대체할 것으로 예상되었다. 미국 기업은 라이선스를 부여하기 전에 몇몇 일본기업에 대해 구체적으로 조사를 한 후, 유통능력, 규모, 이익실적 등의 측면을 고려하여 이 회사를 선정했다. 그러나 선정된 일본 기업은 오히려 구식 제품의 판매를 장려하고, 신제품 판매에는 별로 정성을 들이지 않았다. 이 계약에는 최소 로열티에 대한 규정이 없었기 때문에 미국 기업은 최초 10년 동안 한 푼의 수익도 거두지 못했다. 상대 기업의 주력상품과 신제품에 대한 흥미부족을 깨닫지 못한 죄로 미국 기업은 20년의 라이선스 계약 기간이 끝날 때까지는 직접 시장에 뛰어들 수도 없다는 사실을 할 수 없이 받아들여야 했다.

어떤 기업이든 '경기가 좋을 때 일을 시작'하려는 경향을 당연히 가지고 있다. 인도에서 사업을 시작하려 안달이 났던 한 미국 회사는 서둘러 현지의 파트너와 계약 조건을 협의하고 계약서를 완성했다. 그러나 산업인가, 외국합작협약서, 자본방출허가서, 기기설비를 위한 수입라이선스 등과 같은 필수 서류들의 준비가 늦어졌다. 이런 서류들에 대해 정부로부터 승인을 원활히 받기 위해 미국 기업은 원래 계약보다 낮은 로열티를 받기로 했다. 그러나 이런 모든 노력에도 불구하고 이 프로젝트는 예상했던 만큼 진척되지 않았으며, 낮은 로열티로 인해 회사는 계약이 살아 있는 동안 거의 50만 달러나 손해를 보았다.

워너 램버트(Warner-Lambert)는 트리던트(Trident), 치클렛츠(Chiclets) 등의 껌을 일본에 판매하려다가 중대한 문제를 경험했다. 워너-램버트사가 기대했던 것만큼 현지 도매상들이 제품 판촉을 하지 않았기 때문에 회사는 전략을 바꾸기로 했다. 그래서 도매상을 무시하고 직접 판매를 했는데, 곧 자신들의 실수를 깨닫게 되었다. 이 전략은 도매상들을 화나게 했을 뿐만 아니라 소매상들에게는 불신감을 심어주었다. 현지의 소매상들은 사업전술을 하루아침에 뒤엎는 회사는 신뢰할 수 없다고 생각했던 것이다.

하인즈(Heinz) 역시 일본 시장에서 어려움을 경험했다. 하인즈는 서둘러 일본 시장에 진입하려고 니치로 수산회사(Nichiro Fisheries)라는 회사의 지분을 매입했다. 그러나 '수산회사'라는 이름 때문에 모든 제품이 수산물일 것이라는 인식이 심어졌고, 파트너십 역시 적절하지 않았

다. 니치로 수산회사는 충분한 자본을 가지고 있지도 않았고, 하인즈의
제품을 충분히 판매할 수 있는 넓은 유통망을 확보하고 있지도 않았던
것이다.

　미래 파트너의 가치관이나 신뢰도를 제대로 알지 못했다가 아주 큰 손
해를 입는 수가 있다. 어떤 국가에서는 사업 파트너로부터 무엇이든 받
아 내려는 사업태도가 당연한 것이기도 하다. 만약 사업의 양쪽 파트너
가 모두 이런 태도를 취한다면, 합당한 보호규약을 맺을 수도 있다. 그러
나 한쪽 파트너가 이런 태도를 전혀 모른다면, 여기서 실수가 일어나게
된다. 예를 들어, 미국의 한 화학제조업체는 몇몇 외국 기업인들의 방문
을 받고, 이들과 파트너십을 맺게 되었다. 사업 내용은 미국 회사에서 원
자재를 수출하고 외국 기업이 상품을 제조한다는 것이었다. 세부사항은
모두 계약서에 자세히 명시되었다. 그러나 계약을 맺은 지 6개월도 되지
않아 첫 대규모 원자재 선적이 있은 후, 이들의 파트너십은 깨져버렸다.
뭐가 잘못된 것일까? 신용 조건이 맞지 않았고, 이익에 대해서도 말이 많
았으며, 대금은 지불되지 않았던 것이다. 현지 파트너는 상당히 유명하
고 '존경받는' 사람이었는데, 이런 유명세와 존경은 자신이 해야 하는
의무사항을 뒤로 미루거나 피하는 능력으로 얻게 된 것이었다. 게다가
이것은 현지에서는 흔한 일이었다. 미국 기업은 이런 현지의 관행을 알
고 있었어야 했다. 또한 대금을 선불로 받았어야 했다. (이는 현지에서는
일반적으로 용인되는 관행이다.) 혹은 안전한 대금결제를 위한 다른 합의
를 맺었어야 했다. 현지 법원에서는 미국 기업이 어리석었기 때문에 이

런 손실을 입어도 당연하다는 듯 받아들였다. 결국, 현지 사람들은 이 기업이 정상적이고 일반적인 사업관행에 따르지 못한 것이 문제라고 생각했다.

제품을 대량으로 팔려다가 그만!

대부분의 회사는 대량구매를 통해 비용을 절약하고자 한다. 그러나 이 전략을 따르는 데는 필연적으로 한계가 있다. 다음은 칠레에서 과도한 구매로 인해 벌어졌던 일이다. 최근까지 칠레 정부는 자동차 수입에 높은 관세를 부과했다. 그러나 시간이 지나면서 이 정책은 자동차 수요량을 크게 억제하게 되었다. 1970년대 후반, 정부는 관세를 급격히 낮추기 시작했고 결과적으로 수요가 공급을 신속히 앞질렀다. 1981년 무렵에는 관세가 아주 낮아져서 많은 칠레인들이 신차를 구입할 수 있을 정도의 가격이 되었다. 자동차 딜러들은 급증한 주문을 채울 수 없었고, 신 모델의 차를 받기 위해서 5개월을 기다려야 하는 일이 비일비재했다. 이런 수요가 계속될 줄로 믿었던 딜러들은 1982년, 평소 소화해내던 양보다 열 배나 많은 자동차를 주문했다. 그러나 경제는 곧 불경기를 맞았고, 신 모델 자동차에는 더 높은 가격이 매겨졌다. 결국 시장은 침수되었다. 자동차를 구매할 만한 사람들은 이미 다 구매를 했고, 이 중 극히 소수만이 새 모델로 차를 바꾸려 했다. 경제적인 불확실성과 더 높아진 가격으로 인해 소비자들은 더욱 구매를 하지 않았다. 재고품이 점점 쌓여가서 자동차를 세워 둘 장소도 마땅치 않게 되었다. 일년을 팔아도 다 팔지 못할 만큼의 물량이 적재되어 선박에 그대로 세워져 있었다. 결국 보관비용이 엄청났다. 이 사례에서는 다음과 같은 교훈을 얻을 수 있다. 판매량에 대해 너무 낙관적이고 직선적으로 견적을 내는 것은 분명 위험한 일이다. 수요의 일시적인 증감의 원인을 분석해야 하며, 아직 구매하지 않고 있는 수요자들이 얼마나 되는지 예측하고 있어야 한다.

아마도 가장 대규모로 구매 실수를 저지른 나라는 나이지리아일 것이다. 1970년대 중반, 원유가격의 가파른 상승으로 인해 원유수익금이 늘어나면서 나이지리아는 본격적인 근대화 프로그램을 시작했다. 한 관료가 장차 건설하려고 계획 중이던 새 건물에 필요한 양의 시멘트를 외국으로부터 한 번에 구매하기로 결정했다. 곧 주문한 시멘트를 실은 배가 속속 도착했다. 부두의 일꾼들이 시멘트를 내리는 속도보다 시멘트가 도착하는 속도가 더 빨랐다. 결국 시멘트를 싣고 온 배들은 짐을 내릴 때까지 기다려야 했다. 일주일도 되지 않아서 항구에는 시멘트를 내리지 못한 배들이 너무 많아졌다. 어떤 이가 배에 있는 시멘트를 내리는 데 걸릴 기간을 계산해보았다. 그랬더니, 라고스(Lagos; 나이지리아의 이전 수도 - 옮긴이) 항구에 있는 물량만 하더라도 2천만 톤이 넘었고, 무려 40년이 걸려야 모두 내릴 수 있다는 계산이 나왔다! 결국 많은 양의 시멘트가 바다 속으로 수장되었다. 시멘트를 내릴 때까지 배를 정박시켜놓는 비용이 시멘트를 새로 주문하는 비용보다 더 들었기 때문이다.

영국의 에버레디사(EverReady, Ltd.)는 위의 경우와 본질이 조금 다른 공급상의 문제를 경험했다. 나이지리아에서 제품을 출시하기 위해 회사에서는 광범위한 시장 진출을 강조하는 전략을 채택했다. 에버레디라는 회사명과 배터리를 집중적으로 광고했고, 대량의 제품을 라고스로 선적했다. 도착한 짐을 내리는 데도 아무런 문제가 없었다. 그러나 아마도 그냥 넘어가기는 아쉬웠나 보다. 배터리 생산과정 중에 불량화학제품이 쓰였고, 결국 라고스로 선적된 제품들은 사용할 수 없는 제품들이었다. 운이 없으려니까 제품을 선적하기 전에 아무도 검사를 하지 않은 것이다. 나이지리아 시장에서 열심히 광고를 한 덕에 초기에는 배터리들이 잘 팔렸지만, 이 회사의 제품은 믿을 수 없다는 소문이 금방 퍼졌다. 불량 배터리를 대체할 만한 상품은 없었기 때문에 그간 판촉을 위해 벌였던 모든 노력은 수포로 돌아갔다. 그리고 회사는 불량품을 생산하는 신뢰할 수 없는 회사라는 오명을 얻었다. 후에 정상적인 배터리가 나이지리아 시장에 도착했지만 소비자들은 구매하려 들지 않았다. 에버레디는 초창기의 좋지 않은 인상을 씻어내는 데 몇 년의 시간을 들여야 했다.

대규모의 백화점들은 다양한 구매원을 이용하여 상품을 구매하는데, 여기에는 외국도 포함이 된다. 상품을 구매하려는 쪽에서는 특히 현지 관습에 대해 잘 알고 있어야 한다. 바이어는 현지 언어를 유창하게 할 수 있어야 하고, 그렇지 못하다면 통역지원을 받아야 한다. 자신감이 지나 쳤던 이탈리아의 한 바이어는 커다란 실수를 한 적이 있다. 그녀는 자신이 영어를 상당히 잘한다고 생각했는데, 한번은 의류를 구매하러 영국으로 출장을 가게 되었다. 본 앤 홀링스워스(Bourne and Hollingsworth)

에서 괜찮은 스웨터를 발견하고는 '4~5천 파운드어치(four to five thousand pounds worth)'를 사기로 했다. 그러나 이탈리아에 돌아와서 배달된 물량을 보고는 무언가 단단히 잘못되었다는 것을 깨달았다. 그녀가 실제로 영국에서 주문했던 물량은 '4만 5천 파운드(forty-five thousand)' 어치(미국 달러로 대략 9만 달러어치)였던 것이다!

해외 진출 초기에는 성공적이었다가 나중에 커다란 어려움을 경험하는 회사도 종종 있다. 아프리카에서 사업을 시작했던 한 회사도 이런 일을 겪었다. 이 회사는 제2차 세계대전 중에 미군이 버린 오래되고 낡은 튜브를 대량으로 사들였다. 값싼 폐기물인 튜브를 자르면 쉽게 고무 밴드를 생산할 수 있었다. 곧 이 회사는 현지의 고무 밴드 시장을 석권할 수 있었다. 이 사업을 통해 백만 달러가 넘는 수익을 내며 승승장구했지만, 곧 중고 튜브가 고갈되었다는 소식을 듣게 되었다. 전쟁은 끝났고, 군대는 떠났다. 일부 탈것에 쓰이는 신형 타이어에는 튜브가 들어 있지 않았다. 회사의 매니저는 그간의 성공으로 인해 자금과 자신감에 넘쳐 '큰물에서 놀아보기로' 마음먹고는 근대식 설비를 사들였다. 물론 신형 기계와 재료는 값이 비싸고 유지하기가 매우 어려웠다. 새로운 공정을 작동하기에는 기술이 부족하고, 새로운 시스템이 얼마나 힘들지 깨닫지 못했던 회사는 경쟁력 있는 가격에 고무 밴드를 생산할 수 없었다. 새로운 전략은 실패했고, 그간 벌어놓았던 돈마저 모두 바닥나고 말았다.

공급의 어려움으로 인해 많은 회사들이 어려움을 겪었다. Chapter 2

에서 언급했듯이, 미국의 한 파인애플 회사는 하천의 연중변화를 알지 못했기 때문에 강 상류의 파인애플을 하류에 있는 공장으로 운반할 수 없었다. 이와 비슷하게 소련에서는 막대한 자본을 들여 인도에 대규모 철강공장을 세웠으나, 그 공장의 주변에 적당한 운송수단이 없다는 것을 알게 되었다. 소련의 선전도구로 쓰려던 공장은 오히려 소련에게 창피만 주고 말았다.

또 다른 회사는 일본 제조업체로부터 판금(板金)을 사려다가 문제를 경험했다. 이 실수의 근본 원인은 일본인들이 체면상 "예"라고 대답하는 습관을 지니고 있음을 알지 못했기 때문이었다. 이 회사는 일본의 모든 판금 생산자를 입찰에 참여시킨 결과, 가장 낮은 가격으로 구매를 할 수 있게 되었다. 낙찰가격이 썩 마음에 들었기 때문에 이 회사는 자신들이 필요한 모든 아연도금철판을 이 일본 회사에서 주문하기로 결정했다. 그러나 주문량이 상당히 많았기 때문에 일본 회사에 생산량을 보장할 수 있는 약속을 우선 해달라고 했다. 일본 회사는 "좋다"고 대답했다. 그리고 대량의 주문이 이어졌다. 미국 회사에서는 약속을 믿고 선적을 기다렸다. 그러나 막상 도착한 제품은 주문량의 일부밖에 안 되는 적은 양이었다. 또한 수공으로 만든 것이 분명한 판금이었다. 정상적인 생산과정을 거쳤다면 기계가 만들었어야 했기 때문에 미국 회사는 의심을 하기 시작했다. 일본 공장을 직접 방문해보고 나서 그런 의심은 확신으로 바뀌었다. 공장은 너무도 소규모라서 주문량을 소화할 만한 능력이 없었던 것이다. 일본인 매니저는 이 사실을 알고 있었지만, 자신의 회사 규모가 작다는 것을 인정하여 망신을 당하고 싶지 않았던 것이다.

복잡하게 얽힌 실수들

다국적기업에서 저지르는 실수들 중 어떤 것은 단순하여 이해하기 쉽지만, 여러 복잡한 문제가 얽혀 있는 경우도 있다. 시몬스(Simmons), 포드, 레이디온, 제너럴 일렉트릭과 같은 대기업들도 모두 외국 지사에서 복잡하게 얽힌 문제를 경험했다.

고급 침대를 제조하는 시몬스사는 자신들이 일본에서 겪을 엄청난 문제들을 미리 알았더라면 아마도 일본으로 진출하지 않았을 것이다. 외국에서의 성공적인 사업 경험과 신뢰할 수 있는 제품을 바탕으로 시몬스사는 1960년대 초반부터 일본에서 침대 매트리스를 생산하기 시작했다. 그러나 생산 후 4년이 지났는데도 회사는 일본에서 상당한 손실을 입고 있었다. 몇 가지 복잡한 문제가 발생하여 운영이 어려웠던 것이다. 일본 시장을 둘러싼 많은 어려움들을 이미 알고는 있었지만, 일본이라는 환경에서 나타나는 복잡성의 정도를 회사는 과소평가했다.

시몬스사는 자신들 앞에 몇 가지 장애물이 놓여 있다는 사실을 깨닫게 되었다. 대부분의 일본인들은 아직도 방바닥에서 잠을 잤을 뿐만 아니라, 일본 유통 시스템의 특이성과 복잡성도 매우 골치 아프다는 것을 알게 되었다. 현지 제조업체인 독과점 집단이 제한된 시장에서 서로 경쟁하고 있다는 사실도 가뜩이나 복잡한 문제를 더욱 가중시켰다.

그러나 회사에서는 자신들의 제품과 노하우를 굳건히 믿었기 때문에 1964년 10월에 시몬스 도쿄(현재는 시몬스 재팬)를 창립했다. 이들이 진출한 시기는 도쿄 올림픽이 열리는 시기와 일치했는데, 올림픽으로 인해 침대의 수요가 급증하던 때였다. 초기 생산은 순조로웠다. 그러나 나중에 문제가 발생했다.

회사가 맞게 된 문제 중 하나는 판매사원의 선택이었다. 일본에는 사회 계급의 구별이 있었고, 계급에 따라 사용하는 언어 스타일이 미묘하게 달랐기 때문에 고객과 같은 계급 출신의 판매사원이 가장 효율적이었다. 따라서 최초 여덟 명의 판매사원을 엄격한 기준으로 가려내었다. 그러나 딱 맞는 사람을 선택했음에도 불구하고 문제가 생겼다. 판매사원 중 누구도 침대에서 자본 적이 없었던 것이다! 그러니 이들 중 누가 진심으로 시몬스 제품을 보증하리라 기대할 수 있었겠는가?

또한 일본에서 책정한 침대 가격은 미국에서의 가격보다 60달러나 비쌌다. 유통 시스템은 일상의 사업과 이해관계로 얽혀 혼란상태였다. 소비자는 판매자와 사업적으로 연관을 맺고 있었기 때문에 가격의 차이에도 불구하고 물건을 사주어야 했다. 이런 행위는 복잡한 관계의 혼란스런 유통 네트워크를 만들었다. 어떤 일본인도 체면을 잃는 것은 원하지 않았다. 결국 시몬스에서 알아낸 또 한 가지 사실은 기존의 시스템을 벗어나 운영을 해보려는 시도가 아주 어렵다는 점이다.

마지막으로, 시몬스는 광고 매체를 선택하는 데 있어서 불운한 결정을 내렸다. 일본에서 가장 효율적이고 광고력이 좋은 매체는 텔레비전이었다. 그러나 시몬스사는 인쇄 매체를 선택하여 도쿄를 중심으로 광고지를 뿌렸다.

또 다른 미국 회사는 '국제화'를 하면서 다른 유형의 문제를 경험했다. 한 외국 회사가 이 회사에게 아시아에서 합작투자로 전자회사를 세우자고 제안을 해왔다. 제품의 잠재성이 매우 높았기 때문에 이 회사는 시장에 다른 경쟁 상대가 나타나기 전에 사업의 기반을 완전히 닦아놓으려 했다. 그리하여 이들은 서둘러 계약을 맺었다. 그러나 너무 서두르는 통에 미국 회사는 경쟁 환경, 시장의 성숙도, 배급 필요 요건, 마케팅 비용, 시장 진출 전략, 판촉 프로그램 등과 같은 중요한 마케팅 요인에 대해 완전히 조사를 하지 못했다. 또한 파트너의 경험, 전반적인 노하우, 운영상의 절차도 주의 깊게 평가하지 못했다. 그 결과 사업의 초반기 계획 단계에서 고려되고 정리되었어야 할 문제들이 수년이 지난 뒤에도 해결되지 못했다.

포드 자동차는 해외 사업에서 아주 성공적인 기록을 거두었다. 사실, 포드는 북미 이외의 지역에서 자동차 사업을 벌여서 가장 성공한 미국 기업이다. 그러나 포드도 많은 실수를 저질렀다. 예를 들어, 필리핀에서 피에라(Fiera) 모델로 큰 성공을 거둔 후, 포드사는 1973년에 이 모델을 태국에서도 출시했다. 그러나 판매는 저조했다. 포드사는 자신들의 명성을 과대평가하여 태국 사람들이 다른 회사의 제품보다 포드사의 제품을 선호할 것이라고 믿었다. 또한 피에라의 낮은 가격이 소비자의 환심을 살 것이라 생각했지만, 그 대신 경쟁사가 내놓은 것과 같은 할부조건을 제공하지 못했다. 게다가 태국에서는 원래 설계된 적재량보다 두세 배나 많은 짐을 흔히 싣고 다녔기 때문에 피에라는 자주 고장을 일으켰다. 좀

더 튼튼한 모델을 출시했지만, 포드 자동차는 이미 별로 믿을 만하지 않
다는 평판을 얻은 뒤였다.

시칠리섬의 TV 수상기 제조공장 합작투자에서 이익이 감소하자 레이
디온의 현지 파트너는 투자를 그만두었다. 레이디온은 다른 파트너를 찾
지 못했다. 공장을 현대화된 설비로 바꿔야 했지만, 이런 교체작업에는
상당한 자본이 필요했다. 결국 레이디온은 구식 수상기를 계속 판매하려
했다. 그러나 이들의 제품이 구식이기도 했지만, 시장 역시 포화상태였
기 때문에 판매는 뚝 떨어졌다. 적자는 쌓여만 갔고, 결국 회사는 현지인
직원의 4분의 1 가량을 해고하기에 이르렀다. 그러나 정부의 사전인가도
받지 않았고, 또한 해고된 사람들의 임금도 지불하지 않은 채 실시된 이 대
량 해고는 도저히 용인될 수 없는 것이었다. 그 결과 현지 공무원들이 공
장의 운영권을 갖게 되었고, 레이디온은 2천5백만 달러가 넘는 손실을 입
었다.

또 다른 미국의 대기업도 유럽의 다른 지역에서 이와 비슷한 실수를
저지를 뻔했다. 상당한 비용을 절약할 수 있다는 사실에 회사에서는 많
은 인원감축을 포함한 대대적인 비용절감 프로그램을 계획했다. 그러나
그런 이유로 직원을 해고하는 것은 현지 국가에서 절대 용납되지 않을
것이란 사실을 운 좋게도 그 프로그램을 실시하기 전에 알게 되었다. 그
기업의 사업 내용은 대부분 현지 정부와 관련이 있었기 때문에 만약 이
런 행동을 취했다면 현지 정부는 크게 분노했을 것이다. 판매도 틀림없

이 하락했을 것이며, 이보다 더욱 심각한 손실은 바로 회사의 명성이 실추되었을 것이라는 점이다. 실수를 피하기는 했지만, 회사에서는 불필요한 계획을 세우느라 쓸데없이 돈과 시간을 투자한 셈이 되었다. 만약 현지의 사업관행을 미리 알았더라면 이런 낭비를 막을 수 있었을 것이다.

제너럴 일렉트릭도 해외에서 실수를 저질렀다. 초반기에 회사에서는 해외 투자에 대해 매우 낙관적이고 정열적인 자세를 취했다. 그러나 이들의 계획과 일정은 비현실적이었고 결과적으로 실망만을 안겨주었다. 이런 초기의 실수로 인해 경영진은 해외사업에서 완전 소유 혹은 주식의 과반수 이상을 차지하는 신중한 태도를 취했다. 그리고 남아메리카에서 몇몇 프로젝트를 수행하며 회사는 수년에 걸쳐 오랫동안 유통채널을 개발하려 했다. 그러다 보니 급변하는 환경 속에서 신생 경쟁 업체의 성장에 무방비가 될 수밖에 없었고, 새로운 유통 방법을 좀더 적극적으로 찾아 적용하지 못했다.

그 외의 전략상의 실수들

회사에 변화가 일어날 때 난처하고 값비싼 실수가 일어나기 쉽다. 예를 들어 규모축소 같은 전략적 변화가 생겼다고 하자. 해고되지 않고 남아 있던 직원이 해외업무를 제대로 처리할 수 있는 적합한 훈련을 받지 못했을 수도 있다. 칼슨 트래블 네트워크(Carlson Travel Network)에서 이런 일이 실제로 벌어졌다. 한 제조업체의 임원 고객이 일본에서 대만으로 출장을 떠났다. 이 임원은 대만에 도착해서야 자신의 비자가 잘못 발급되었음을 알게 되었다. 여행사 직원의 실수로 그 임원은 18시간을 소모하여 일본으로 돌아와야 했고, 출장업무는 아예 볼 수도 없었다. 여행사에서는 1등석으로 업그레이드한 비행기표를 다시 제공했고, 또한 첫 번째 출장 때 손해본 금액을 모두 배상했다.

회사에 큰 이익을 안겨주었던 방법이라도 어느 곳에서나 통용된다는 법은 없다. 서독의 텐겔만 그룹(Tengelmann Group)은 미국의 슈퍼마켓 체인인 A&P를 인수하고서 이 사실을 깨달았다. 회사의 기존 전략은 일부 품종을 싼 가격에 판매하는 작은 가게 중심이었다. 유럽에서 텐겔만의 이런 전략은 아주 성공적이었다. 그러나 미국에서도 똑같은 전략을 사용하려 했다가 2년 만에 7천 5백만 달러라는 금액을 손해보았다. 신임 사장인 제임스 우드는 다음과 같이 인정했다. "우리 외국인들은 종종 유럽에서 습득한 지식을 갖고 미국을 판단하려 한다. 대서양 건너편에 살고 있는 사람들과 달리 미국인들은 슈퍼마켓에서 온갖 종류의 상품을 한꺼번에 구매하고 싶어했다."[1]

외국 기업들은 미국에서 통용될 수 있는 전략을 개발하면서 종종 실수를 저지른다. 본국에서 쓰였던 방법을 그대로 사용하는 것은 적절하지 않다. 외국 기업들은 쓰라린 경험을 통해 이런 사실을 배우게 된다. 영국의 제너럴 일렉트릭이 미국 회사인 A.B. 딕사(A.B. Dick Company)를 인수했던 경우가 여기에 해당한다. 영국에서는 '현대식' 사무용품의 광고와 판매가 원활했다. 이런 이유로 미국에서도 같은 전략으로 A.B.딕의 제품을 광고했다. 문제는? A.B.딕의 제품 중 80%는 현대식이 아니라는 점이었다. 결국 회사의 전략은 비효율적이었던 것이다.

본국에서 성공한 방법이 외국에서도 성공하리라 착각하는 실수를 유럽 기업들만 저지르는 것은 아니다. 미국에서 최고의 성공을 거둔 슈퍼마켓 체인업체도 외국에서 사업을 하며 어려움을 경험했다. 이 회사는 일본의 유명한 회사인 스미토모 상사(Sumitomo Shoji Kaisha, Ltd.)와 일본에서 슈퍼마켓 합작투자를 하기로 했다. 그러나 일본의 소규모 상인들은 이 두 거대기업의 연합을 강렬히 반대했고, 그래서 스미토모 상사는 명목상의 회사를 만들어 미국 회사로 하여금 운영하게 했다. 미국 회사는 미국에서 슈퍼마켓을 경영할 때 성공적이었던 테크닉을 사용했으나,

---

[1] 자세한 내용은 'Golden Touches Turned to Lead' (<타임> 1981년 11월 30일자, p.66) 참조

그 방법은 일본에서는 별로 효과가 없었다. 그리하여 미국 기업의 경영진은 일본의 유통 시스템, 전통적인 사업방식, 문화의 특징들을 연구한 후, 회사의 운영방식을 '일본식'으로 바꾸는 것이 필요하다는 결정을 내리게 되었다. 일본 소비자들은 새로운 시스템을 환영했고, 사업은 번성하기 시작했다.

파커 펜사는 생산라인을 단순화하고 운영체계를 '세계화'하기로 결정한 후, 150여 개 나라에서 취급하던 500여 종의 펜을 100가지로 줄이고, 해외 광고를 한 가지로 단일화시켰다. 이 계획은 매우 괜찮아 보였다. 또한 생산과 마케팅 부문에서 상당한 비용이 절감되었다. 그러나 파커의 매니저들에게는 심각한 사기저하 현상이 생겨났다. 해외 매니저들은 미국 중심적인 계획에 분개했다. 이익은 줄어들었고, 경영진은 반감을 샀으며, 마침내 이 전략은 계속될 수 없었다. 현재 파커 펜에서는 현지의 매니저들에게 판촉계획을 수립할 수 있는 권한을 부여하고 있다.

또 다른 경우를 소개해보겠다. 한 미국의 소비재회사는 선진국과 개발도상국의 유사한 사업을 하고 있는 업체들을 인수하여 글로벌 네트워크를 갖추려는 계획을 세웠다. 이 현지 법인들을 통해 자사 제품의 시장을 전세계적으로 구축하려 한 것이다. 그리하여 회사에서는 3년 동안 유럽, 라틴 아메리카, 일본에 있는 중소 규모의 기업을 인수했다. 인수한 회사에서 생산하던 제품들이 본사의 라인과 달랐기 때문에, 인수한 회사의 기존 라인에 미국 본사의 제품을 넣으며 특별한 노력을 기울였다. 그러나 이 전략을 수행하면서 여러 가지 문제에 부딪쳤다. 현지 잠재 고객층의 취향을 고려하지 않았을 뿐만 아니라, 대부분의 경우 미국 제품이 현지 환경에 적합하지도 않았다. 게다가 미국에서는 오랫동안 성공을 거두었던 마케팅, 광고, 판촉 테크닉이 외국 환경에는 적합하지 않았다. 현지에는 미국만큼 슈퍼마켓이나 소매상점이 많지도 않았고, 생활수준은 낮았으며, TV광고 노출이 제한적이었고, 문맹률도 높았다. 이로 인해 미국에서 사용하던 테크닉이 새로운 시장에서는 전혀 효율적이지 않았다.

많은 경우에서 알 수 있듯이, 시장에 대해 완벽한 사전조사를 실시하는 것은 무척 중요하다. 예를 들어, 한 미국 기업은 일본 파트너의 유통 네트워크를 잘못 이해하여 사업에 큰 지장을 겪었다. 이들이 판매하려던 제품은 일본인들에게 비교적 새로운 물건이었다. 그래서 최적의 상태로 시장에 진출하기 위해 미국 기업은 가장 훌륭한 유통 네트워크를 소유한 일본 파트너를 선택했다. 그리고 그 파트너를 통한 단일한 유통망을 구축했다. 선택된 유통 채널을 통해 제품의 판매는 잘 되었지만, 시장 진출은 예상한 것보다는 저조했다. 그 이유는 제품이 전국적으로 유통되리라는 기대와는 달리 그렇지 않았기 때문이다. 가장 훌륭한 유통 네트워크를 지닌 파트너를 선택한 결정은 현명했다. 그러나 이 기업에서는 일본의 소매점포가 얼마나 무수하고 얼마나 여러 군데로 흩어져 있는지 알지 못했다. 또한 자신들이 처음 계획했던 네트워크의 효율성을 너무 과신했던 것이다.

일본의 시스템에서만 유통상의 문제가 발생했던 것은 아니다. 예비 시장조사에서 고무적인 결과를 얻은 한 미국의 가금류 혼합사료 제조사는 스페인 시장에 진출하기로 결정했다. 현지의 사업가들은 미국 본사의 지분이 100%인 지사를 세우는 데 반대하는 조언을 했지만, 이 회사는 당초 계획대로 밀고 나갔다. 공장이 지어지고, 기술자들이 들어왔다. 그리고 공장은 돌아가기 시작했다. 그러나 생산이 시작되었지만 아무도 제품을 구매하려 하지 않았다. 이유가 무엇이었을까? 스페인의 가금류 사육업자들과 사료 생산자들이 아주 밀접한 관계를 형성하고 있었던 것이다. 이들은 외부인을 환영하지 않았다. 이런 장애를 극복하기 위해 미국 회사는 몇 개의 양계농장을 샀다. 그러나 현지인들은 이 농장의 닭도 사지 않는 것이었다! 진작 현지 조언자의 말을 듣고 현지의 사업관행을 이해했다면 이런 어려움을 겪지 않았을 수 있을 것이다.

다른 많은 회사들도 비슷한 실수를 경험했다. 한 미국의 화장품 제조업체는 프랑스에서 체인점만을 통해 자사의 제품을 판매하려다가 어려움을 겪었다. 이 방법을 사용하면 마케팅비와 유통비를 줄이면서도 제품의 시장 노출 기회를 극대화할 수 있다고 생각했다. 다른 나라들에서는 이 시스템이 효율적이었다. 그러나 프랑스에서는 전통적으로 '퍼퓨머(perfumer; 화장품을 전문으로 판매하는 지역 소매상인)'라고 불리는 사람들이 여론을 조성했다. 대부분의 제조업체들은 한 지역에서 두세 명의 퍼퓨머에게 판매독점권을 주었다. 대중들은 이 퍼퓨머의 의견을 전적으로 따랐기 때문에 입소문을 탄 선전이 제일 중요했다. 미국 기업은 이들을 무시한 셈이었고, 이에 분개한 퍼퓨머들은 미국 기업 제품의 평판을 나쁘게 만들었고, 결국 프랑스에서 그 미국 기업의 이미지는 별로 좋지 않았다.

한 기업이 국제 시장에서 성공하려면 명확하고 일관된 전략을 필요로 한다. 스위스의 시계 제조업체인 스위스시계산업종합주식회사(Asuag A6)는 이 사실을 너무 늦게 깨달았다. 회사에서는 기술을 소유하기 위해 12개의 미국 기업을 사들이기로 결정했다. 사들인 기업 중 일부는 시계를 만드는 데는 도움이 되었지만, 서로 잘 맞지가 않았다. 12개의 회사를 합쳐놓고 보니 서로 양립하기 힘든 회사도 많았고, 이 회사들을 모두 함께 운영하려니 문제만 더욱 커졌다. 결국 12개의 회사 모두를 다시 팔아야 했다. 손실은 무려 2천5백만 달러에 달했다.

일본의 엘리베이터 제조업체인 후지텍(Fujitec)은 높은 기대를 품고 미국에 진출했다. 그러나 이 기대는 너무 높았던 것으로 드러났다. 한 지역에서만 집중적으로 사업을 펼치는 대신 이 회사는 미국 전역에서 거대한 사업을 동시에 진행했다. 그러나 이들은 미국 소비자들의 지역적 선호를 깨닫지 못한 채 시장에 접근하려 했다. 그 결과 중요한 문화적 미묘성을 고려하지 못했고, 손실을 보았다. 일본은 단일시장일 수 있지만, 미국은 그렇지 않다. 미국의 모든 지역에 동시에 진출할 수 있는 능력을 가진 기업은 거의 없다. 미국에서 전국적인 규모의 사업을 하려면 우선 한두 지역에서 경험을 쌓아야 한다.

이번에는 링 템코 보트(Ling-Temco-Vought)사의 항공우주산업 부문을 보자. 이들은 물소의 일을 대신할 기계를 만들려고 했다. 회사의 연구개발 부서가 미국에 위치하고 있었기 때문에 기계는 그곳에서 만들어졌다. 그러나 이것은 현명한 결정이 아니었다. 그 기계가 팔린 곳은 미국과 다른 기후를 가지고 있는 아시아 지역이었고, 여기서 수많은 문제가 일어났던 것이다.

현지 정부의 승인도 기업의 해외사업 성공에 연관된 매우 중요한 변인이다. 매시 퍼거슨(Massey-Ferguson)사는 터키에서 트랙터 제조업에 51%의 지분을 소유하며 진출했다. 우선 연간 5만 대의 트랙터 엔진을 생산하기로 했고, 이 후에 3만 대를 추가하자는 계획이 세워졌다. 그러나 회사의 이런 희망은 실현되지 못했다. 매시 퍼거슨에서는 터키의 정치적 상황과 정부의 안정성에 대해 완벽히 조사를 하지 못했다. 터키 시장에서 확실한 성공을 거두려면 정부의 강력한 뒷받침이 있어야 했다. 그러나 정부의 지원은 실현되지 않았던 것이다. (이런 결과를 미리 예측했어야 했다.) 결국 1970년에 이 사업은 공식적으로 막을 내렸다.[2]

질레트(Gellette)에서는 잘못된 결정을 내렸다가 회사의 면도날 시장을 통째로 잃어버릴 뻔했다. 이 회사에서는 현재의 면도날보다 우수한 스테인레스 스틸 면도날을 개발했다. 그러나 이 신제품은 품질이 너무 뛰어나서 면도날을 자주 갈지 않아도 될 정도였다. 그래서 회사에서는

---

[2] 매시 퍼거슨사에서는 이 문제가 예측할 수 있는 종류가 아니었으며, 터키 정부가 원인 제공자라고 주장했다. 그러나 외부의 보고서에 의하면 경영진의 탓이 좀더 크다고 한다. 한 예로, '터키 정부, 매시 퍼거슨의 트랙터 생산계획을 취소하다(Turkey Cancels Plans for Tractor Output by Massey-Ferguson)'(<월스트리트저널>1970년 11월 18일자)을 참고하라.

이 제품을 판매하지 않기로 했다. 질레트는 이 기술을 영국의 정원도구 제조업체인 윌킨슨(Wilkinson)사에 판매했다. 질레트에서는 윌킨슨사가 이 신기술을 이용하여 정원도구만 만들 것이라고 생각했다. 때문에 앞으로 이 기술을 이용하여 면도날을 만들어서는 안 된다는 금지조항을 빠뜨렸다. 그러나 윌킨슨사에서는 면도날 제품을 잽싸게 출시했고, 생산하는 족족 판매도 잘 되었다. 질레트는 면도날 시장에서의 월등한 판매력과 경험으로 결국 이를 극복하기는 했지만, 하지 않아도 되었을 값비싼 경험을 한 것이다.

- 해외에서의 경영 조건이 본국에서와 똑같을 것이라는 생각은 착각이다.
- 본국에서 성공한 전략이 해외에서도 성공할 것이라는 생각은 착각이다.

경영 전략을 세울 때 잘못된 추측을 함으로써 값비싼 대가를 치르는 경우가 종종 있다. 가장 흔한 추측은 자국에서의 조건이 해외에서도 똑같을 것이라는 추측이다. 또 하나의 흔한 추측은 자국에서 성공한 전략이 해외에서도 통용될 것이라는 추측이다. 이 두 가지는 기업인들이 저지를 수 있는 가장 위험한 추측이다. 모든 곳에서 똑같은 조건은 거의 없으며, 모든 곳에서 통용되는 전략도 없다.

다국적기업이 저지른 다른 실수에 비해 전략적 실수는 읽기에 재미있는 내용은 아니다. 그러나 전략적 실수는 다른 종류의 실수보다 더 결정적이며, 때문에 이를 피하는 것도 더욱 중요하다. 다른 실수들은 비교적 쉽게 고칠 수 있지만, 전략적인 문제는 극복하기가 매우 어렵다. 전략적 실수들 가운데에는 수백만 달러의 손실을 가져온 것들도 있다. 전략적 실수를 피할 수 있는 지름길은 없다. 따라서 전략을 개발할 때는 세부사항에까지 주의를 기울이는 수밖에 없다.

Chapter 8

기타 다른 문제들

한 캘리포니아 출신 사업가는 사우디아라비아의 파트너와 싸움을 했다가 사우디아라비아에서 오도 가도 못할 뻔했다. 경비용역회사의 동업자였던 그 사우디인은 이 미국인이 사우디아라비아에 입국할 때 보증인이 되어주었다. 그러나 10만 달러가 자기 몫이라 주장하면서 이를 내주지 않으면 출국할 때 보증을 서주지 않겠다고 했다. 사우디아라비아 법에서 외국인은 입국할 때 보증을 서준 사람이 승인을 하지 않으면 출국을 할 수 없었다! 미국인은 5만5천 달러를 지불하는 것으로 타협을 보았다. "그것이 제가 그곳을 빠져나올 수 있는 유일한 방법이었습니다." 미국인의 말이다. 미리 그 사우디인으로부터 서면으로 출국 보증을 받아두었다면 이런 문제는 피할 수 있었을 것이다.

지금까지는 생산, 작명, 마케팅, 번역, 경영관리, 그리고 전략 분야에서 벌어진 실수의 수많은 예를 살펴보았다. 이런 종류의 실수들은 자주 발생하며, 또한 눈에도 잘 띈다. 이런 종류의 실수가 벌어지면 감추기는 쉽지 않다. 그런데 법률상의 실수, 재정상의 실수, 시장조사상의 실수 같은 것들은 자주 발생하지도 않을 뿐더러 감추기가 상대적으로 쉽다. 이런 실수들은 흔하지는 않지만, 일단 발생하면 비용 면에서도 큰 손실이 따르고, 사업의 성패에 무척 중요한 역할을 한다.

현지법을 모르면 큰 문제에 직면할 수 있다

업무와 관련한 세부적인 법률상의 문제는 복잡하고 지루하게 보일 수 있다. 그러나 이런 문제를 잘 인지하지 못하거나 이해하지 못하면 큰 피해를 입을 수 있다.

예를 들어 한 캘리포니아 출신 사업가는 사우디아라비아의 파트너와 싸움을 했다가 사우디아라비아에서 오도 가도 못할 뻔했다. 경비용역회사의 동업자였던 그 사우디인은 이 미국인이 사우디아라비아에 입국할 때 보증인이 되어주었다. 그러나 10만 달러가 자기 몫이라 주장하면서 이를 내주지 않으면 출국할 때 보증을 서주지 않겠다고 했다. 사우디아라비아 법에서 외국인은 입국할 때 보증을 서준 사람이 승인을 하지 않으면 출국을 할 수 없었다! 미국인은 5만5천 달러를 지불하는 것으로 타협을 보았다. "제가 그곳을 빠져나올 수 있는 유일한 방법이었습니다."

미국인의 말이다. 미리 그 사우디인으로부터 서면으로 출국 보증을 받아 두었다면 이런 문제는 피할 수 있었을 것이다.

한 미국 기업은 서아프리카에서 맺었던 계약서 가운데 한 문구로 인해 십만 달러나 되는 손해를 보고 나서야 명확하고 간결한 언어로 계약서를 작성해야 한다는 것을 절실히 깨달았다. 문제가 되는 구절은 다음과 같았다. '정부에서 자문인에게 지불하는 돈은 자문인에게 부여되는 모든 현지 수입세를 포함하여 자문인에게 지불하는 총액이 된다(The moneys paid by the Ministry to the Consultant shall constitute full payment to the Consultant including all local income taxes on the Consultant).' 회사에서는 이 문장이 지불대금은 면세가 된다는 의미로 이해했다. 그러나 현지 정부는 다른 의미로 해석했다. 계약서의 또 다른 문구에 나와 있기를, 의견이 다를 경우에는 현지 정부의 뜻에 따른다고 했기 때문에 물론 회사는 아무 소리도 할 수 없었다.

한 대기업에서는 50페이지에 달하는 법적 문서를 들고 공해방지기술에 대한 라이선스 계약을 맺으러 중국으로 갔다. 중국인들은 이 문서를 보고는 비웃고 멀리 내던져버렸다. 결국 거래는 백지화되어버렸다. 그러나 다행히 이 회사는 중국인들과 좋은 인간관계를 맺어놓았기 때문에 다시 시작할 수 있는 기회를 얻을 수 있었다. 다음 번에는 10페이지짜리 문서를 만들었고, 거래는 성사되었다.

중국에서 계약을 맺은 또 다른 대기업은 계약서를 영어 버전과 중국어 버전으로 만드는 데 동의했다. '두 종류의 계약서는 같은 효력을 갖는다'는 문구로 인해 그 후 많은 문제가 발생했고, 손실이 큰 논쟁이 일어났다.

오하이오주 콜럼버스의 한 회사는 브라질에서 서류를 작성하며 '사소한' 실수를 하나 저질렀다. 그러나 이 실수로 인해 회사에서는 브라질에서 벌어들인 이십만 달러의 이익금을 환수할 수가 없었다. 도대체 '사소한' 실수가 무엇이었을까? 누군가 서류를 작성하면서 회사의 이익금을 적절한 비율로 환수하도록 허가한다는 곳에 체크를 하지 않은 것이다.

AT&T는 1989년에 태국에서 대규모 전화설비 계약을 따내며 어려움을 경험했다. 각고의 노력 끝에 AT&T는 제안서를 제출했지만, 즉시 거부당했다. 태국 측에서는 10년의 보증기간을 특별조건으로 요청했는데, 미국에 있는 AT&T의 변호사들은 5년의 보증기간을 제안했다. 태국 현지에 있던 직원들과 연락책들은 태국의 요구사항에 대해 잘 알고 있었으나, 계약서는 수천 마일 떨어진 미국의 변호사가 작성한 것이 문제였다. 사실 AT&T는 이런 식으로 해외에서의 현장 경험이 부족했다. 같은 해에 이탈리아에서 긴급회의가 소집되기도 했는데, 이 회의로 인해 미국에 있는 소위 해외영업 담당자들이 여권조차 가지고 있지 않다는 사실이 밝혀지기도 했다.

대부분의 국가에는 광고에 대한 규제 법률이 있다. 많은 기업들이 인정하겠지만, 각 정부의 광고정책을 준수하지 않으면 법률적인 문제가 생기게 된다. 싱가포르 항공사가 이런 일을 겪었다. 이 회사는 베개를 베고 있는 소녀의 얼굴 사진이 실린 광고를 노르웨이 잡지에 냈다. 광고의 카피는 '피곤한 아버지께 드릴 베개와 브랜디를 가져다주세요'였다. 노르웨이 사람들은 이 광고를 보고 분노했다. 결국 이 광고는 잘못된 의미를 전달하며 성적인 차별을 조장한다는 이유로 금지되었다.

이와 비슷하게 굿이어(Goodyear) 타이어사는 비키니를 입은 여성들이 등장하는 광고를 사용했다가 어려움을 겪었다. 여성들의 신체 노출이 허가되지 않는 일부 국가에서 이 광고를 사용했던 것이다. 광고를 바꾸라는 명령에 회사에서는 옷을 모두 갖춰 입은 미녀가 즐거운 시간을 보내고 있는 사진으로 교체했다. 광고의 메시지는 똑같았다. '즐거움이 있는 곳으로 향하세요.' 그러나 '새로운' 광고는 좀더 잘 받아들여졌고, 효과적이었다.

굿이어 타이어는 독일로 수출하려던 광고로 또 다른 법적인 문제를 경험했다. 미국에서 성공적으로 사용된 이 광고의 내용은 굿이어의 타이어 코드가 강철로 된 체인을 끊을 수 있다는 장면을 보여주어 굿이어 제품의 강력함을 강조하는 것이었다. 그러나 독일에서는 광고에서 다른 제품의 열등함을 보이는 것이 불법이었다. 굿이어의 광고는 독일산 강철체인 제조업체를 깔보려는 것으로 해석되었다. 결국 정부에서는 이 광고를 중지하라고 명령했다.

토요타(Toyota)사의 경우, 중국 문화권에서 광고를 할 때는 광고에서 전하려는 메시지를 특히 잘 인지할 필요가 있다는 교훈을 얻었다. 중국에서는 광고의 사실성에 대한 요구수준이 높다는 것은 잘 알려져 있다. 이는 중국 시장에 진출한 외국 기업에게도 해당된다. 토요타에서는 '산 아래에 도착하면 길이 나타날 것이다'라는 중국의 속담을 근거로 다음과 같은 광고문구를 만들었다. '길이 있는 곳이라면 토요타가 있습니다.'

광고판, 텔레비전, 신문 등에서 이 광고를 사용한 지 일년이나 지났는데, 중국 당국에서는 이 광고가 과장 광고라고 주장했다. 중국 관리가 이를 불법이라고 판단한 이유 중 일부는 "중국에 있는 모든 길에 토요타 자동차가 꼭 있는 것은 아니다. 또한 다른 나라의 길에도 모두 토요타 자동차가 있지는 않다"는 것이었다. 이 사건을 통해 토요타는 엄격한 사회주의 사회와 그보다는 좀더 느슨한 자본주의 사회에서는 광고의 기준이 다르다는 교훈을 얻었다.

클러리지(Claridge) 담배회사는 오스트레일리아에서 로빈후드와 터크 수도사를 내세운 광고로 담배를 선전했다. 오스트레일리아인들은 자녀들이 이 광고를 보고 담배에 흥미를 느낄 것이라 생각했고, 그리하여 그들은 클러리지사에게 광고를 바꾸도록 압력을 가했다.

포드사도 노르웨이에서 배포한 광고 중 하나로 인해 비슷한 문제를 겪었다. 문제의 광고에는 어린이들이 나와서 자동차 세일즈맨에게 다음과 같은 질문을 한다. "포드 자동차를 사려면 오랫동안 기다려야 한다는데, 사실인가요?" 현지 사람들은 자동차 광고에 어린이들을 쓰는 것은 적합하지 않다고 불평했다. 어린이들은 자동차와 직접적인 관련이 없기 때문이다. 이 장면은 해로울 것도 없고, 재미있다고 받아들여질 수도 있었지만, 광고를 계속 쓰려면 법적인 비용을 지불해야 할지도 몰랐기 때문에 회사는 그 의견을 고려해야만 했다.

필립모리스와 R. J. 레이놀즈(R. J. Reynolds) 담배회사는 프랑스에서 신제품을 출시하여 굉장한 성공을 거두었다. 이 두 회사가 이렇게 대성공을 거두자 프랑스 회사인 SEITA에서도 자신들의 담배가 수입품인

양 판매하려고 했다. 그래서 SEITA는 '뉴스(News)'라는 브랜드를 출시했는데, 포장 문구가 모두 영어로 되어 있었고, 프랑스 모기업의 이름 조차 인쇄되어 있지 않았다. 그러나 프랑스에서는 이것이 불법이었다. 이렇게 현지의 회사가 외국 경쟁사를 무찌르려다가 자국의 법률로 인해 어려움을 겪은 경우도 있다.

외국 투자 법률의 복잡성 역시 종종 문제를 일으키는 원인이 된다. 예를 들어, 3M사는 일본 스미토모 그룹의 15개 회사와 함께 마그네틱테이프를 생산하는 합작투자를 설립하겠다는 신청서를 일본 정부에 제출했다. 그러나 일본의 투자 법률을 충분히 검토하지 못한 채 신청서를 제출한 결과, 정부의 승인을 받는 것이 늦어졌다. 4년이나 걸려서 허가를 받아냈을 때는 이미 소니와 도쿄 전기(Tokyo Denki Kagaka)같은 국내 제조업체에서 마그네틱테이프를 능률적으로 생산하고 있었다. 안타깝게도 스미토모-3M의 일본 시장 점유율은 매우 낮을 수밖에 없었다.

현지 정부로부터 받을 수 있는 지원을 잘못 계산하는 것도 많은 문제를 일으킬 수 있다. 예를 들어, 매시 퍼거슨사는 트랙터 생산공장을 설립하며 터키 정부의 지원을 받을 수 있을 것이라 믿었다. 회사에서는 정부가 트랙터 판매에 도움을 줄 것이라고 생각했는데, 불행히도 이 지원은 현실화되지 않았고, 사업은 결국 망했다.

때로 기업들은 받지 말아야 할 정부의 지원을 받기도 한다. 예를 들어, 정부로부터 하면 안 되는 것을 해도 된다는 (혹은 해야 하는 것을 안 해도 된다) 승인을 얻는 것이 가능할 때도 있다. 이런 법적인 지원은 사업을 보호해준다. 그러나 이는 일시적인 것이며, 논쟁의 여지가 있다. 수용 가능했던 일이 시간이 지나면서 불가능한 것으로 변할 수 있다는 사실을 기업들은 대가를 치르고서야 알게 된다.

한 기업의 예를 들어보자. 이 기업은 너무 오래되었으며 환경을 오염시키기까지 하는 기술을 사용해도 좋다는 스페인 정부의 허가를 얻어냈다. 그러나 그로 인해 발생한 환경오염으로 인해 주민들의 건강상태가 위협을 받게 되었다. 몇 명이 사망을 했고, 현지 주민들은 시위를 벌였다. 마침내 정부는 사용허가를 취소해버렸다. 결국 그 기업은 정부의 은밀한 법적 보호를 받았던 대가를 치러야 했다.

일부 미국 기업들은 '이적행위를 하는' 외국 기업과 함께 사업을 하다가 국내와 해외에서 모두 법적인 문제를 겪어야 했다. 미국에는 특정 상품을 특정 국가에 판매하지 못하게 하는 법이 있다. 해외의 합작투자회사나 혹은 라이선스를 받은 회사가 이런 금지된 국가와 교역을 하게 된다면 문제가 발생할 수 있다. 이때 미국의 모회사나 파트너 회사가 상대방의 이런 사업을 금지시키지 않는다면 미국 정부가 법적인 대응을 하게 된다. 그러나 미국의 모회사나 파트너 회사가 사업을 중지한다면, 해외 자회사나 파트너 회사가 있는 국가의 정부 역시 그 나라로서의 법적 대응을 할 것이다. 미국 정부가 그 나라에서의 사업을 금지시켰다고 해서 모든 국가가 자국의 사업을 그만두어야 할 의무는 없기 때문이다. 결국 거북하고 옴짝달싹할 수 없는 상황이 될 수 있다. 이런 상황을 피하는 가장 좋은 방법은 미래의 문제를 예측하여 합작투자를 하거나 계약서에 서명을 할 때 모든 것을 명확히 명시하는 것이다.

예를 들어 미국의 트럭 제조업체인 프루하우프(Fruehauf)사는 프랑스 지사를 통해 한 프랑스 기업에 트럭 본체를 판매했다. 그 프랑스 회사는 트럭을 완성하여 이를 중국으로 판매했다. 미국 정부에서는 프루하우프사로 하여금 중국에 트럭을 판매하지 못하도록 했다. (당시에는 중국과의 무역이 금지되어 있었다.) 미국 정부의 이런 행위로 인해 프랑스 정부는 프루하우프의 프랑스 지사에 다른 명령을 내렸다. 프랑스에서는 프루하우프사가 계약서의 내용을 존중해야 한다고 생각했다. 비록 그들이 판매한 제품의 일부가 중국으로 팔린다 해도 말이다. (프랑스에서는 중국과의 무역이 가능했다.) 프루하우프사는 이로 인해 금전상의 손실을 입었을 뿐만 아니라, 프랑스 내에 있는 미국 기업에 대한 미국 정부의 간섭에 대한 프랑스 대중의 열띤 토론의 중심에 있어야 했다. 이 문제는 무마되기까지 수년이 걸린 승자는 없고 패자만 있는 싸움이었다.

어떤 나라에서는 합법적인 행위가 다른 나라에서는 그렇지 않을 수 있다는 사실을 반드시 기억해야 한다. 이 중요한 교훈은 사업의 많은 분야에 해당된다. 여기에는 모기업의 소유권 보호도 포함된다. 많은 기업들이 외국에서 실제보다 더 소유권을 보호받고 있다고 잘못 생각하고 있다. 기업들이 좀더 주의를 기울이지 않는다면, 귀중한 사업상의 비밀을 법적인 권리도 갖지 못하고 잃어버릴 수 있다.

해당 국가에서 어떤 제품과 어떤 포장을 선호하는지, 그에 대한 법률은 무엇인지 알지 못해서 어려움을 경험하는 회사들도 있다. 상자나 라벨에 글자를 넣는 일도 쉽지 않다. 각 국가는 외국 사업자들이 규칙을 따라줄 것으로 기대한다. 그렇지 못하면 사업자들은 비용상의 손실을 경험하게 될 것이다. 예를 들어, 코카콜라는 이탈리아에서 상품에 반드시 표기해야 하는 첨가물 목록을 병뚜껑에 표시했다가 이탈리아인들의 분노를 샀다. 병뚜껑은 쉽게 버릴 수 있는 것이었으므로 이 목록을 표시하는 데 적합하지 않다고 현지 법원은 판결했다. 물론 코카콜라는 서둘러 이를 수정하여 첨가물을 병 몸체에 표시했다. 덕분에 많은 추가 비용이 들었음은 두말할 필요도 없다.

많은 회사들이 다이어트 식품을 판매하려다가 법적인 문제에 부딪쳤다. 왜냐하면 어떤 국가에서는 '다이어트'라는 이름을 가지고 있는 제품은 약국에서만 판매할 수 있기 때문이다. 칼로리를 줄여주는 이런 제품들은 상품명에 '라이트' 같은 명칭을 사용하여 일반 상점에서 판매되기도 한다.

오스트레일리아에서는 경쟁사에 의해 에임(Aim) 치약의 제조업체인 유니레버사가 기소당하는 일이 벌어졌다. 오스트레일리아 법에서는 비슷한 포장으로 경쟁상품을 판매하는 것을 금지하고 있기 때문이다. 이 법률을 아주 엄격하게 해석하고 집행했기에 유니레버사는 5백만 달러나 들여 에임 치약의 판촉활동을 벌였음에도 불구하고 포장을 바꾸어야 했다.[1]

재정상의 실수를 조심하라

외국의 소규모 업체들은 종종 미국 시장의 규모와 성장에 깊은 감명을 받고서 미국 경제도 침체될 수 있다는 가능성을 잊어버린다. 미국 경제는 많은 사람들에게 상대적으로 풍요롭게 보일 수 있다. 그러나 미국 경제 역시 불경기를 탈 수 있으므로 투자회사는 이를 잘 고려해야 한다. 미국에 있는 외국 회사들은 최악의 시나리오에 대비한 계획을 세우지 못했기 때문에 실패의 길로 이르는 경우가 많다.

미국에 투자하는 대부분의 외국 투자자들은 미국 시장에 주식을 상장하지 않기 때문에 주식상환거래를 통해 인수합병을 하지 않는 편이다. 이는 투자금을 대출받아야 함을 의미한다. 따라서 시기가 적절하지 않거나 시장이 침체기에 들어섰을 경우, 예상하지 못한 힘든 상황에 처할 수 있다. 예를 들어, 프랑스의 아가쉐 윌로(Agache-Willot)사는 코르벳(Korvettes)을 인수했으나, 그 후에 닥친 불경기를 맞아 추가로 투자할 2천8백만 달러를 준비하지 못했다. 필요한 자본을 투입했을 때는 이미 너무 늦어 있었다. 코르벳은 1년 뒤 파산하고 말았다.

1 콜게이트 팜올리브사에서 불평한 내용은 소비자들이 두 제품을 혼동할 수 있다는 점이었다. 많은 기업들이 유사 상품으로 인한 경쟁에 직면하지만, 유니레버에서는 자신들은 그런 전략을 사용하지 않았다고 주장했다. 그러나 오스트레일리아 법정에서는 이 두 상품이 상당히 비슷하게 보인다는 결정을 내렸다. 좀더 자세한 내용을 알고 싶다면 렌 블랭킷(Len Blanket)이 쓴 '오스트레일리아 법정, 포장 광고를 금지하다(Aussi Court Bans Package Ad)' (*Advertising Age*, 1981년 10월 12일자, p.72)를 읽어볼 것.

미국 기업들은 또한 지분비율에 비해 너무 높은 부채를 안고 있으려 한다. 경기가 좋을 때는 이런 식으로 차입금을 이용해 투자를 해도 좋다. 그러나 불경기에는 매우 위험한 일이며 아주 좋지 않은 일이 벌어질 수도 있다. USM 포르투갈 지점에서는 부채를 이용한 투자를 하다가 모회사의 도움 없이는 생존할 수도 없는 지경에까지 이른 적이 있다. 다른 많은 기업들도 이와 비슷한 상황에 처한 적이 있을 것이다.

잘못된 해석으로 인해 커다란 재정적 손실을 입을 수도 있다. 예를 들어 한 기업은 브라질 공장에 2백만 달러를 투자하기로 결정했는데, 나중에 이 투자는 불필요했던 것으로 밝혀졌다. 기업이 이런 결정을 내리게 된 이유는 자료를 잘못 해석했기 때문이다. 브라질의 화폐 단위였던 크루제이로(cruzeiro)로 표시된 시장조사 보고서에 따르면 상황은 매우 고무적이었다. 그러나 이 보고서에는 높은 인플레이션이 고려되지 않았던 것이다. 그저 금액만 컸을 뿐, 실제적인 제품 판매는 이루어지지 않았다. 실질적인 판매 수치(무게, 양, 제품의 숫자 등)를 사용하여 시장규모를 평가하는 것이 금액으로 평가하는 것보다 좀더 신중한 방법이다. 이 방법을 사용한다면 인플레이션이 발생하거나 화폐가치가 하락한다고 해도 실수를 미연에 방지할 수 있기 때문이다.

어설픈 시장조사는 금물!

회사에서 저지를 수 있는 가장 좋지 않은 실수 중의 하나는 시장 진입 이전에 자사의 제품이나 서비스에 해당하는 시장이 존재하는지 여부를 결정하지 못하는 것이다. 불행히도 많은 회사들이 이런 실수를 저지르고는 맹목적으로 자사의 제품이 환영받을 것이라고 가정을 한다. 때로는 이런 가정이 '맞기도 한다.'('운이 좋다'라는 표현이 더 적절할 듯하다.) 그러나 이렇게 운이 좋지 않은 경우가 훨씬 많다. 시장의 상황이 예상했던 것만큼 좋지 않은 경우도 종종 있다. 진입을 시도했다가 자사의 제품에 해당하는 시장이 아예 없다는 사실을 발견하기도 한다. 탄탄하고 완전한 시장조사를 사전에 했다면, 이런 사실은 물론이고, 국제 비즈니스를 하며 회사가 마주할 수 있는 다른 문제를 미리 알 수 있었을 것이다.

| 예상보다 시장이 협소했던 경우 |

특히 식료품을 수출하는 회사들이 외국 시장에서 곤란함을 겪는 경우가 많다. 예를 들어, 미국의 한 콘플레이크 제조업체는 일본에서 제품을 출시했다가 아주 비참한 결말을 맞았다. 일본인들은 아침식사용 시리얼이 도대체 무엇인지 아무런 관심이 없었으니 어떻게 그들이 콘플레이크를 구매하리라고 기대할 수 있었겠는가?

미국의 한 유명한 소프트드링크업체에서는 인도네시아에 자사의 제품을 위한 거대한 시장이 있을 것이라고 예측했지만, 이 예측은 잘못된 시장조사의 결과였다. 이 시장조사는 인도네시아의 대도시에서 진행되었는데, 이 결과가 전체 인구에 해당할 것이라고 추측한 것이다. 그러나 인도네시아의 도시 지역과 농촌 지역은 아주 달랐다. 도시에는 많은 외국인들이 거주하고 있었고, 조사가 실시되는 기간에도 외국인들은 소프트드링크를 구매했던 것이다. 회사에서는 커다란 시장이 존재하고 있다는 결론을 내고 대규모의 보틀링 설비와 유통 시스템을 갖추었다. 그러나 소프트드링크는 도시의 여행객들에게만 제한적으로 판매된다는 사실을 뒤늦게 알게 된 것이다. 시장조사를 행할 때는 제품의 구매층이 누구인지, 이 구매층이 전체 인구를 대표한다고 가정할 수 있는지를 판단하는 것이 아주 중요하다.

일본에서 케첩이 판매되지 않고 있다는 사실을 알게 된 한 미국 회사는 자사의 인기 브랜드 케첩을 대량으로 일본에 수출했다. 그런데 불행히도 이 회사는 왜 지금까지 일본에서 케첩이 판매되지 않았는지의 이유는 조사하지 않은 것이다. 일본 시장은 거대하고 풍족해 보였기 때문에 그 회사에서는 아주 탐을 냈고, 조금이라도 지체했다가는 경쟁사에게 시장을 선점할 기회를 빼앗길까봐 서두른 것이다. 시장조사를 미리 했다면 왜 케첩이 판매되지 않았는지에 대한 이유를 알 수 있었을 것이다. 일본에서 선호되는 소스는 간장이었던 것이다. 다행히 이 회사는 일본의 간장을 수입하여 미국에 되팔아 상당한 이득을 남길 수 있었다. (옛말에 '이길 수 없다면 차라리 한편이 되어라'라는 속담이 있는데, 이 경우가 바로 그렇다.)

KFC도 브라질 시장에 진출하면서 이와 비슷한 상황을 겪었다고 한다. 브라질 전역에 100개의 판매점을 내겠다는 목표를 세우고 우선 상파울

루에서 영업을 시작했다. 그러나 판매는 놀랍게도 저조했다. 왜 그랬을까? 회사에서는 경쟁상품에 대한 조사를 철저히 하지 않았던 것이다. 상파울루의 도심 곳곳에서는 다양한 숯불구이 닭요리가 싼 값에 팔리고 있었다. 현지인들의 입맛에는 이 치킨이 KFC의 치킨보다 더 맛이 있었다. 이에 KFC에서는 서둘러 계획을 변경하여 햄버거, 멕시칸 타코, 엔칠라다(멕시코식 파이 - 옮긴이)를 메뉴로 내놓았다. 그러나 문제는 여기서 끝나지 않았다. 이 음식은 브라질 사람들에게 잘 알려져 있지 않았고, 결국 사람들은 별 흥미를 느끼지 못했다.

유니레버는 프랑스인들이 냉동식품에 별로 관심을 보이지 않는다는 사실을 쓰라린 경험을 통해 인정하고서 일시적으로 프랑스 시장에서 물러나야 했다. 다행히도 나중에 프랑스인들이 좀더 좋아할 만한 식품을 가지고 시장에 재진입할 수 있었다.

CPC 인터내셔널은 미국에서 크노르(Knorr) 건조수프를 처음 판매하며 어려움을 겪었다. 회사에서는 지나가는 행인들에게 이 제품으로 끓인 따뜻한 수프를 맛보게 하는 시장성 테스트를 실시했다. 맛을 보고난 사람들은 제품을 어디서 구할 수 있냐고 물어보았다. 그래서 이 조사에서는 미국인들이 제품에 관심을 가지고 있는 것으로 나왔으나, 실제로 제품이 식료품점의 선반 위에 놓이자 판매는 매우 저조했다. 더 심층적인 조사를 한 결과, 미국인들은 건조수프를 싫어하는 경향이 있다는 사실이 밝혀졌다. 시장성 테스트를 할 때 시식을 해본 사람들은 자신들이 맛 본 수프의 유형이 건조수프라는 것을 알지 못했다. 수프의 맛이 아주 입에 맞았기 때문에 시식을 한 사람들은 기꺼이 이 제품을 구입하겠다고 대답을 했다. 그러나 이 제품이 건조수프였으며, 조리하기 위해서는 15분에서 20분 정도 저어야 한다는 사실을 미리 알았더라면 아마도 이 제품에 대해 호감을 덜 표시했을 것이다. 이 경우에는 수프의 조리방식이 소비자들에게 아주 중요한 요인이었다. 회사는 제품의 조리방식에 대한 선호도를 조사하지 못하여 부진한 판매 결과를 얻은 것이다.

현명한 판매자라면 제품의 차이를 분석하여 이를 회사에 유리한 쪽으로 사용할 것이다. 한 미국 식품회사는 미국에서 시행된 시장조사를 참고하여 새로운 케이크믹스 제품을 영국에도 출시했다. 주부들에게 요리를 하고 있다는 느낌을 좀더 주기 위하여 판매자는 조리 단계에 "계란을 첨가하라"고 설명했다. 모든 사람들이 좋아할 방법이라 확신하며 미국 회사에서는 이 케이크믹스를 영국에 수출하기 시작했다. 그러나 결과는 실패였다. 영국인들은 이런 미국식의 아기자기한 케이크보다는 오후의 티타임에 함께 먹을 수 있는 단순한 스펀지 케이크를 선호했기 때문이다.

수많은 회사들이 '맛있는' 제품을 판매하려다가 어려움을 겪었다. 어떤 사람들에게는 맛있는 음식이 다른 사람들에게는 그렇지 않을 수 있다. 향료는 성공적으로 현지화할 수도 있지만, 많은 경우 그렇지 못하다. 워너(Warner)사는 계피맛이 나는 껌을 칠레에서 판매하려다 문제에 부딪쳤다. 현지인들은 계피맛 껌을 좋아하지 않았기 때문이다. 코카콜라도 칠레에서 제품을 판매하려 했으나 성공하지 못한 경험이 있다. 회사에서는 포도맛이 나는 신제품 음료를 출시했는데, 칠레인들은 별 관심을 보이지 않았다. 칠레인들은 포도로 만든 음료로는 와인을 선호했던 것이다. 이런 예들을 보면 왜 사전 시장조사가 중요한지 알 수 있을 것이다.

영국의 체이스 앤 샌본(Chase and Sanborn)사는 프랑스에서 인스턴트커피를 출시하려다가 저항에 부딪쳤다. 프랑스 가정에서는 어떤 커피를 사용하느냐가 매우 중요하다. 아침에 원두커피를 준비하는 것은 프랑스 주부들의 일상에서 기준이 되는 일이었기 때문에 품격 없어 보이는 인스턴트커피를 구매하려 하지 않았다.

잘못된 지역에 판매점을 내는 것도 실패하는 요소 중 하나이다. 미국에서 가장 오래된 패스트푸드회사에서 이런 경우를 경험했다. 국내에서 다양한 경험을 축적했던 이 회사는 해외 영업점을 열기로 결정했다. 경영진은 복잡한 방법으로 분석을 하여 독일의 함부르크에서 매장 개설 예정 부지를 세 군데로 좁혔다. 이 중에서 최적의 장소를 찾기 위해 '교통의 요지'를 찾았다. 그리고 사람들의 통행량이 가장 많은 지역의 땅을 구입했다. 매장이 드디어 세워졌으나 판매는 놀랍게도 저조했다. 교통의 요지가 아니었던 걸까? 천만에! 이 경우, 많은 수의 사람들이 매장 앞을 지나친다는 것은 사실이었다. 그러나 그들의 마음속에 햄버거 따위가 있을 리 없었다. 그들이 매장 앞을 지나다니는 이유는 그 옆에 바로 거대한 매춘지역이 있었기 때문이었다!

맥도날드 역시 처음 유럽에 진출했을 때 적절하지 않은 지역에 매장을 열었다. 회사에서 문을 연 매장은 암스테르담 교외에 있었다. 그러나 현지의 유동인구를 잡으려면 그곳이 아닌 시내에 자리 잡았어야 했다는 것을 뒤늦게 깨달았다. 매장을 시내로 옮기자 판매는 급상승했다.

뉴욕에 본사를 둔 유명한 프랜차이즈 헬스클럽에서는 미국에서 잘 팔리는 상품이라도 해외에서 똑같은 인기를 누리지 않는다는 사실을 알게 되었다. 미국에서의 성공에 힘입어 이 회사는 싱가포르에 헬스클럽 지점을 냈다. 그러나 현지 주민들에게 별 매력을 주지 못했고, 소수의 외국인들만이 이 헬스클럽을 좋아했다. 그러나 이들은 너무 소수였기 때문에 이익을 남기기가 어려웠다.

또 다른 회사는 어떤 개발도상국에서 스프레이 가구광택제를 판매하려고 했다. 현지의 평균 수입 수준을 분석해보니 주민들이 이 제품을 살 만한 경제적 능력이 있다는 결과가 나왔다. 그러나 대부분의 부(富)가 소수의 사람들에게 집중되어 있는 경우, 이런 자료는 신빙성이 없다. 특히 이 나라에 있어서는, 극소수만이 스프레이 가구광택제라는 '사치스런' 제품을 살 만한 고소득층에 해당되었다. 그러나 이런 고소득층에게도 이 제품은 관심을 받지 못했다. 노동을 줄이기 위한 그런 상품이 자신들의 하인들에게 필요할 거라고 생각하지 않았기 때문이다.

때로는 상품의 성공을 결정하는 요인이 잠재적 소비자들의 기술적 진보상태와 관련되어 있을 수도 있다. 시장성 테스트를 할 때는 복잡한 기능을 가진 제품이 관심을 받을 수도 있지만, 실제 시장에 출시되었을 때는 신뢰할 수 없다는 평판을 받고 실패할 가능성도 있다. 기업들은 아주 자주 이런 사실을 확인하게 된다. 예를 들어, 한 기업은 아프리카의 어떤 국가에서 현재 사용되고 있는 제품보다 월등히 뛰어난 제품을 제조했다. 시장성 테스트 결과 소비자들은 이 제품에 강한 관심을 보였기 때문에 회사에서는 제품을 출시했다. 그러나 얼마 지나지 않아 현지 주민들 사이에 이 제품이 믿을 만하지 못하다는 소문이 돌았다. 그러나 이것은 사실이 아니었다. 제품이 고장난 이유는 구매자가 유지 및 보수를 제대로 하지 않았기 때문이었다. 제품을 살 때, 기름을 쳐주어야 한다는 주의사항을 들었는데도 불구하고 그렇게 하지 않았다. 그곳 사람들에게는 이렇게 유지보수를 해야 하는 경험이 처음이었던 것이다. 그래서 특별한 주의가 필요하지 않았던 예전의 구식 제품으로 되돌아갔다. 요컨대, 더 나은 기능을 가진 신상품이 설 자리가 없었던 것이다.

미국은 50개의 주로 이루어져 있는데도, 흔히 단일한 시장으로 취급받는다. 그러나 각 주에는 당연히 미묘한 문화의 차이가 존재한다. 세계적으로 볼 때, 미국에서 각 주가 인접하고 있는 것처럼 지리적으로 가깝지만 커다란 문화적 차이를 보이는 나라들이 많다. 미국의 사업가들 중 다수는 이런 사실을 잘 이해하지 못한다. 예를 들어, 썬빔사는 서독에서 토스트기계를 상당히 많이 팔았다는 이유로 이탈리아에서도 그럴 것이라 예상했다. 그러나 불행히도 그렇지 않았다. 이 회사는 이탈리아에서 여성용 전기면도기를 출시하면서 또 한 번 어려움을 겪었다. 유럽의 여러 지역에서 이 상품은 판매가 잘 되었다. 그러나 이탈리아에서는 아니었다. 이탈리아 남성들은 털을 제거하지 않은 여성의 다리를 더 좋아했던 것이다.

같은 언어를 사용하는 사람들이라고 해서 같은 문화를 소유하고 있는 것도 사실은 아니다. 한 미국의 회사는 같은 언어를 사용하는 만큼 취향도 비슷할 것으로 예상하고서 미국의 애프터쉐이브 로션을 영국에서 판매하려 했다. 많은 돈을 들여 광고를 했지만 결과는 실패였다. 이유는? 영국의 보통 남성들은 애프터쉐이브 로션을 사용한다고 특별히 효과를 본다는 생각을 하지 않았으며, 오히려 여자 같은 짓이라고 생각했다.

많은 국가의 정부에서 후진국에 원조 물품을 보낸다. 그러나 이들이 선의로 보낸 물품들이 실제로는 쓸모없는 경우가 종종 있다. 예를 들어, 남아메리카의 한 지역에 대량의 분유가 배급된 적이 있다. 그런데 주민들은 우유를 먹으면 몸이 아프다며, 분유를 집 벽을 칠하는 데 사용해버렸다. 연구 결과 현지인들이 옳았다는 사실이 밝혀졌다. 북미인들과 유럽인들은 우유를 분해하는 효소가 평생 동안 분비된다. 그러나 많은 남미인들은 수유기 때만 이 효소가 분비되었다. 그러니 청소년들과 성인들은 우유를 소화시킬 수 없었다. 아무리 공짜라고 하지만 우유를 필요로 하는 사람은 없었다!

기업이 자사의 상품에 맞는 시장이 존재하는지에 대해 조사를 해야 할 필요가 있다는 점은 이제 분명해졌다. 잘못된 사업성 검토로 인한 피해는 그 무엇보다도 심각할 수 있기 때문에 이 조사는 신중하게 수행되어야 한다.

예를 들어, 한 회사는 시간과 비용을 절감하기 위해 경쟁사에서 예전에 해놓은 사업성 검토 결과를 그냥 사용하기로 했다. 그 조사가 진행될 당시에는 현지의 정부가 투자에 대해 호의적이었다. 그러나 시간이 지나면서 정치적 환경은 달라져 있었다. 그 결과 이 기업은 공장을 건설했지만 곧 어려움에 부딪쳤다. 이 회사는 시효가 지난 사업성 검토 결과를 사용했기 때문에 긍정적인 면을 과장하여 받아들였고, 예상할 수 있는 문제점들을 간과한 것이었다.

많은 기업들이 충분한 자료를 모으지 않은 채 행동을 취하여 실수를 자초하고 있다. 예를 들어 한 유명한 미국의 비내구성 소비제품 제조업체의 경우를 보자. 이 회사는 일본의 기업과 제휴를 맺었다. 일본 측 회사는 고무적인 자료를 제공했다. 일주일 동안 사장 비서가 자료를 검토한 후, 서둘러 미국 제조업체는 계약을 맺었다. 별로 놀라울 일도 아니지만, 사업은 기대에 미치지 못했다. 최고경영진을 모두 교체도 해봤지만, 여전히 침체일로였다. 이 회사는 잘못된 시장분석과 미국의 유명 브랜드를 내놓으면 시장에서 무조건 환영받을 것이라는 생각으로 급하게 진출 결정을 내렸고, 그 결과 뼈아픈 실패를 경험한 것이다.

스위스의 한 제약회사는 조사팀을 시켜 시장 존재 여부를 확인한 후, 동남아시아 지역에 8백만 달러를 투자하여 제조공장을 건설했다. 그러나 이 조사에서는 현지의 시장에서 아주 중요한 한 부분을 간과했다. 바로 암시장의 존재였다. 미리 대비하지 못한 또 다른 경쟁자 때문에 회사는 예상보다 낮은 수입을 낼 수밖에 없었다.

때로는 완벽하다고 믿었던 사업성 검토 결과가 그렇지 못한 경우도 있다. 회사에서는 철저한 조사를 수행했다고 생각했으나, 해외로 진출하기 전에 고려해야 하는 수많은 요인들이 모두 다뤄지지 않았을 수 있다. 한 기업은 최초의 조사에서 철강공장을 세울 경우 성공할 것이라는 예측 결과를 얻었다. 그러나 이 공장은 1년도 지나지 않아 문을 닫아야 했다. 공장의 설비는 옮겨지고, 건물은 폐허가 되었다. 투자대상지역은 현지 정부에 의해 사회개혁정책이 주도되고 있는 곳이었다. 즉, 사유재산제와 양립하기 힘든 곳이었는데, 이 점을 미리 알아채지 못한 것이다. 대부분의 공장은 국가의 소유였다. 그리고 농장에서 착취를 당한 경험이 있는 노동자들은 '자본주의적 착취'라는 개념을 믿도록 선동되었다. 결과적으로 그들은 끊임없이 더 높은 임금과 처우개선을 요구했다. 노동은 불안정하고, 생산량도 적었으며, 제품의 질 또한 형편없었다. 사업성 검토에서 이 나라 국민들 사이에는 '공공소유'에 대한 이념이 퍼져 있다는 사실을 밝혀냈어야 했다. 예전에 다른 회사도 이와 비슷한 이유로 유사한 투자에 실패한 적이 있었다. 투자자들은 유사한 문제가 다시 일어날 수 있다는 사실을 참고했어야 했다.

　마지막으로 이탈리아 시장에서 림(Rheem)사가 겪은 일을 보도록 하자. 림사는 현지 회사인 ISI에서 원자재를 구매하여 용접 파이프를 제조한 후, 이를 현지에서 판매하겠다는 전략을 세웠다. 그리고 곧 그 전략에 착수했다. 그러나 얼마 후, 림사는 ISI에서 똑같은 용접 파이프를 생산하고 있다는 사실과 함께 이 파이프의 주요 구매자인 정부와 ISI사 간에 내부계약이 이미 체결되어 있다는 사실을 알게 되었다. 림사는 원자재를 ISI에서 구입했기 때문에 ISI보다 더 낮은 가격을 책정할 수도 없었고, 외국 기업이므로 이탈리아 정부와의 계약을 획득할 수도 없었다. 설상가상으로 수출계획도 무산되어버렸다. 좀더 철저히 사업성을 검토했다면 이런 사실들을 미리 알 수 있었을 것이고, 림사는 다른 계획을 세웠을 것이다.

　지금까지 살펴본 바대로, 시효가 지났거나 불완전한 사업성 검토 결과에 의존한다면 회사는 실수를 저지를 수 있다. 잘못 수행된 조사 역시 문제가 될 수 있다. 몇 년 전에 <리더스 다이제스트(Reader's Digest)>에서 실시했던 시장조사의 결과를 봐도 이를 쉽게 설명할 수 있다. 조사자들은 서독인들과 프랑스인들이 이탈리아인들보다 스파게티를 더 많이 소비한다고 결론지었다. 그러나 좀더 심도 깊은 조사를 한 결과, 이런 잘못된 결과가 나온 원인은 조사에서 사용했던 질문 때문임이 밝혀졌다. 즉, 조사에서는 브랜드 스파게티나 포장된 스파게티의 구매에 관해 질문했던 것이다. 이탈리아인들은 대부분 포장되지 않은 스파게티를 구매한다. 상품이 구매되는 방식을 한정해서 조사했기 때문에 조사자들은 스파

게티 소비량에 대해 잘못된 결론에 도달한 것이다. 시장조사를 올바로
수행하려면 방법과 내용 둘 다에 세밀한 주의를 기울여야 한다.

수행하려면 방법과 내용 둘 다에 세밀한 주의를 기울여야 한다.

- 현지법을 모르면 큰 문제에 직면할 수 있다.
- 재정상의 실수를 저지르지 않도록 조심하자.
- 어설픈 시장조사는 큰 문제를 불러올 수 있다.
- 사소해 보이는 문제도 회사에 큰 문제를 안겨줄 수 있음을 명심하자.

이 장은 세부적인 면에 주의를 기울여야 하는 중요성에 초점을 맞추었다. 우선, 사소해 보이는 법적 문제도 회사에 큰 문제를 안겨줄 수 있음을 기억해야 한다. 비슷한 상황에서도 자국의 법과 외국 현지의 법은 큰 차이가 있을 수 있다. 또한 자국에서는 상상할 수 없었던 법이 존재할 수도 있다. 따라서 외국에 진출하기 전에는 현지의 법규에 대해 철저히 조사해야 한다. 재정상의 실수를 저지르지 않도록 유의해야 함은 물론이고, 시장조사의 중요성에 대해서는 앞에서도 여러 차례 강조한 바 있다. 특히 시효가 지난 과거의 사업성 검토 결과를 적용했다가 문제를 겪는 경우들도 많으므로 조심해야 한다.

사업을 하면서, 특히 외국에서 사업을 하면서 사소해 보이는 문제들을 간과했다가 큰 문제를 겪을 수 있음을 늘 기억해야 한다. 큰 문제는 물론이고 사소한 문제들에 대해서도 꼼꼼히 사전조사를 해야 함은 이 책 전체를 통해 누누이 강조하는 점이다.

Chapter 9

국제 비즈니스, 이렇게 하면 성공한다

더 이상의 실수는 없다는 착각에 빠지지 말라. 또 다른 실수가 분명 저질러질 것이다. 과거의 실수에 대해 더 많이 배울수록 우리는 실수 자체와 그 원인에 대해 더 잘 알게 될 것이다. 그리고 미래에 저지를 수도 있는 실수를 피할 수 있도록 스스로 더 잘 준비할 수 있을 것이다. 부디 이 책이 실수의 수를 줄이는 데 도움이 되기를 바란다. 당신이 미래에 내릴 결정이 이 책의 제2권에 실리지 않기를!

지금까지 논의한 바대로, 국제적으로 사업을 하다 보면 예상하지 못한 일들이 수없이 일어난다. 가끔은 이런 뜻밖의 사건으로 관련 기업이 이득을 볼 수도 있다. 그러나 대부분의 경우에 있어서 그런 실수나 실패는 결코 환영할 만한 일이 아니며, 상당한 비용을 지불해야 하기도 한다. 과거에 기업들이 저지른 많은 실수들은 대부분 피할 수 있는 것들이었다.

해외에서 사업을 한다는 것은 자국에서 사업을 하는 것보다 훨씬 복잡한 일이 될 수 있다. 기업에서는 정교한 경영 기법을 차용하겠지만, 세부적인 문제들을 간과하여 실수를 저지른다. 불행하게도 해외에서 실수를 저지른 회사의 예는 수백 개가 넘는다. 이런 실수들은 뼈저린 후회를 동반하지만, 여기서 교훈을 얻을 수는 있다. 남들이 한 실수를 반복해서 저지를 필요는 없는 것이다.

제품과 포장의 현지화는 반드시 필요하다

현지의 환경에 맞게 제품이나 포장을 바꾸지 못하여 이런 저런 골치를 썩게 된 기업이 많다. 때로는 포장의 색상만 바꾸어도 판매가 보장되는 경우가 있다. 색상과 상징에 대한 선호는 국가마다 다르므로, 현지의 조언을 구해 해당 국가의 사람들이 어떤 색을 '재수 없게' 여기는지 알아보는 것이 현명하다.

'숫자' 역시 반드시 고려해야 할 변인임에도 불구하고 그 중요성이 잘 알려져 있지 않다. 특정 숫자를 두드러지게 강조한 포장은 소비자들에게 반감을 줄 위험이 높다. 많은 사람들이 행운의 숫자나 불운의 숫자를 믿고 있기 때문이다. 어떤 경우에는 라벨에 실린 그림이 문제가 되기도 한다.

그리고 많은 경우에 있어서 제품 자체의 현지화가 필요하다. 식품, 음료, 담배 같은 상품들은 현지 소비자들의 취향에 맞추기 위해서 수정을 가할 필요가 있다. 담배 제조업자들은 미국 브랜드의 상품이 해외에서 잘 팔린다는 사실을 오래 전에 깨달았다. 물론, 이때에도 담배는 현지인들의 기호에 맞춰 제조되어야 한다. 현지인들의 필요를 충족시키지 못한 제품들은 시장에서 실패할 확률이 매우 높다.

때로는 회사 이름이나 제품의 이름을 바꿔야 하는 경우도 있다. 국내에서 성공을 거둔 이름이라고 해도 해외 시장에서는 적절하지 않거나 비효율적일 수 있다. 이름으로 인해 사람들의 비웃음을 사거나, 성적인 암시를 주거나, 혹은 불쾌하게 하는 등 예상치 못한 상황을 접하게 될 수 있다.

현지의 민족주의 감정을 존중하라

기업인들은 현지 국민들의 민족주의 감정을 잘못 건드림으로써 피할 수도 있던 실수를 저지르는 경우가 많다. 해외에서 사업을 하려면 겸손한 자세를 취하는 것이 가장 좋다. 해외의 공장을 국내 공장과 똑같은 환경으로 만들어야 할 필요는 거의 없다. 이렇게 하려고 했던 기업들은 대부분 현지 노동자들과 소비자들의 강한 반발을 샀다.

미국 내의 외국인 사업가들은 이 교훈을 오래 전에 배웠다. 현재 외국인 회사에서 일하는 미국인들은 자신들의 회사가 외국 기업이라는 사실을 잘 모르고 있다. 해당 국가가 어떤 면에서든 본국에 비해 열등하다는 생각으로 비교를 해서는 절대로 안 된다. 제품에 대한 비교는 때로 할 수도 있고, 또 하는 것이 좋을 수도 있다. 그러나 양국의 정부, 노동자, 기술 등에 대한 비교는 신중하지 못한 일이다.

현지의 인력자원 중에서 가장 유능하고 뛰어난 사람들을 골라 현지 지사의 업무를 맡기는 것이 현명하다. 이런 사원들 덕분에 현지 이미지를 더욱 쇄신할 수 있을 뿐만 아니라, 현지에서 접하게 되는 문제를 더욱 잘 이해하여 회사가 실수를 저지르는 것을 막을 수 있을 것이다.

만약 본국에서 직원을 파견하는 경우라면 더더욱 주의를 기울여야 한다. 외국인 매니저가 효율적으로 일하여 실수를 피하기 위해서는 특별한 능력과 특성을 지녀야 한다. 특히 다음에 나열하는 점들이 중요하다.

- 사람들과 친화력 있게 지내는 능력
- 문화적 차이에 대한 인식
- 개방적인 태도
- 외국 문화에 대한 포용력
- 새로운 문화, 신념, 도전에 대한 융통성

- 새로운 조건에 쉽게 적응하는 능력

- 맹목적인 가정이 아닌 사실을 중시하는 태도

- 과거의 사업 경험

- 과거의 외국 문화 경험

- 외국어 학습 능력

마케팅은 아무리 점검해도 지나치지 않다

많은 기업에서 해외 마케팅을 수행하면서 심각한 문제를 겪었다. 모든 마케팅 계획은 서면으로 작성되어야 한다. 그리고 책임자를 정하여 중앙에서 통제할 수 있도록 하는 것이 좋다. 이를 통해 위험부담이 감소하며 비용도 절감할 수 있다. 예를 들어, 코카콜라에서는 모든 해외 마케팅 계획을 실행하기 전에 본사에 제출하도록 되어 있다. 이렇게 함으로써 회사에서는 계획을 점검할 수 있는 시간을 가질 수 있다. 그리고 제출된 계획과 비슷한 경험을 참조하여 계획을 수정하고 변경할 수 있다. 비슷한 계획이 해외에서 실패한 적도 있고, 성공한 적도 있다. 똑같은 실수를 반복할 필요는 없다. 사전점검을 통해 회사에서는 실수의 가능성을 줄일 수 있고, 마케팅을 세세히 조정할 수 있는 기회를 얻을 수 있다.

현지의 관습과 잠재적 소비자들의 선호도에 대한 연구를 게을리하여 실수를 저지른 기업들이 많다. 나라마다 사회규범이 천양지차이므로 외국인으로서 이 모두를 습득하는 것은 매우 어려운 일이다. 위에서도 지적했지만, 현지인들의 조언을 받는 것이 필수이다. 이런 주의사항들을 잘 지킨다면 마케팅에서의 많은 실수들이 벌어지지 않을 것이다.

잘못된 번역이 회사를 망하게 할 수 있음을 기억하라

광고는 복잡한 일이다. 국제 비즈니스를 하는 데 필요한 여러 영역 중에서도 광고에서 가장 많은 실수가 일어났다. 이런 많은 실수들의 가장 큰 원인은 잘못된 번역 때문이었다. 광고문구를 번역할 때는 고지식하게 원문을 그대로 옮기는 것보다는 광고가 가지고 있는 컨셉과 주제를 옮기는 것이 중요하다.

번역상의 실수를 방지하는 데 도움이 되는 방법이 몇 가지 있다. 물론 기업에서는 뛰어난 번역자를 고용하겠지만, 여전히 실수를 저지를 가능성이 있다. 번역자가 아무리 외국어에 대해 뛰어난 재능을 가지고 있고 해당 국가에 대해 열심히 공부했다고 해도, 관용적 표현이나 속어에 대해서는 익숙하지 않을 수 있다. 따라서 현지의 속어와 관용표현에 능한 제2의 번역자를 고용하여 번역된 문구를 '역으로 번역해보는' 작업을 하는 것이 현명하다.

이 '역번역' 작업은 번역상에서 일어날 수 있는 실수를 줄이는 가장 좋은 테크닉 중 하나이다. 역번역이란 한 사람이 원래 메시지를 해당언어로 번역한 후, 다른 사람이 '역으로' 해당 언어에서 원래 언어로 다시 번역하는 것이다. 이렇게 함으로써 의도하려던 메시지가 잘 표현되었는지 점검할 수 있다. 오스트레일리아의 한 소프트드링크업체는 홍콩 시장으로의 진출을 계획하는 단계에서 역번역을 사용하여 실수를 피할 수 있었다. 이 회사에서는 오스트레일리아에서 성공했던 광고문구인 "자기야, 속이 아주 시원해(Baby, it's cold inside)."를 사용하려 했다. 그러나 이 문구의 번역을 사용하기 전에 번역문을 다시 영어로 역번역해보았다. 이것은 아주 현명한 처사였다. 번역문을 역번역한 문장은 "작은 모기야, 속 부분이 아주 차구나(Small mosquito, on the inside it is very cold)."라는 뜻이었다. '작은 모기'라는 표현은 작은 아이를 가리키는 홍콩 현지의 속어였다. baby란 단어는 영어에서 친근한 속어로 '애인'을 가리키므로 두 표현은 서로 달랐다. 역번역을 해보지 않았다면 큰 실수를 할 뻔했다.

역번역을 이용하여 많은 번역상의 실수를 잡아낼 수 있지만, 번역자의 실력이 이에 미치지 못한다면 소용없을 수 있다. 당연히 우수한 번역자일수록 실수를 덜하기 마련이다. 그러나 번역자의 능력을 미리 알아내기란 쉽지 않다. 시간과 비용이 드는 방법이지만 번역자에게 시험 번역을 해보도록 하는 것도 한 방법이다. 문제가 있다면 여기서 드러날 것이다. 그러나 원문을 해당 언어로 번역하면서 실수가 발생했는지, 아니면 역번역 과정에서 발생한 것인지를 분명히 할 필요가 있다.

중요한 번역작업이 필요한 회사에서는 미래의 번역자를 선정함에 있어 철저해야 한다. 번역 후보자의 면접을 보면서 다음의 사항을 꼭 체크하도록 하라.

- 해당 분야나 해당 산업에 관한 참고자료가 있는지, 혹은 그런 자료를 얻을 수 있는지?
- 필요한 기술적 용어들을 이해하고 있는지? 그런 용어들에 해당하는 현지 단어를 알고 있는지? 만약 그렇지 않다면 어떻게 습득할 수 있을지?
- 다양한 분야(예를 들어 법률 등)의 전문가와 접촉할 수 있는지?
- 작업을 누군가가 점검할 것인지? 만약 그렇다면 그 사람의 자격은 무엇인지?(다른 고객들을 위해 번역했던 자료 등을 요청하는 것이 현명하다.)
- 최근 해당 국가와 관련된 활동을 한 적이 있는지?(번역자가 해당 국가에 대해 최신의 정보를 가지고 있을 필요가 있다. 왜냐하면 언어는 (특히 속어) 변하기 때문이다. 해당 국가의 언어와 문화에 친숙한 사람을 고용하는 것으로는 충분하지 않을 수도 있다. 아무리 본토인이라 하더라도 몇 년간 그 나라에서 살지 않았다면 속어나 관용표현을 잊게 된다.)

번역자를 선택한 후, 번역을 좀더 잘할 수 있도록 촉진하는 몇 가지 방법이 있다. 예를 들어, 회사에서 판촉물을 개발하는 데는 몇 달이 걸리므로, 번역자에게 너무 급하게 번역을 해내라고 요청해서는 안 된다. 충분한 시간이 주어졌을 때 번역의 결과물은 당연히 더 좋아진다. 단순한 직역은 소용이 없다. 번역자에게 창조를 할 수 있는 시간을 주어야 한다.

물론 그렇다고 해서 번역 마감기한까지 없애야 한다는 것은 아니다. 번역자에게 업무를 끝낼 시기와 번역물이 사용될 시기를 미리 알려주는 것은 중요하다. 가끔 번역자에게 광고가 쓰일 계절을 알려주지 않아 번역자가 틀린 계절을 상상할 수 있다. 즉, 엉뚱하게도 여름에 겨울의 이미지를 사용할 수도 있다는 것이다. (어떤 회사들은 북반구의 계절과 남반구의 계절이 반대라는 점을 잊어버려 잘못된 광고를 내보내는 실수를 저지르기도 했다.)

번역자에게 광고에 사용될 매체와 광고 대상의 일반적인 특성에 대해 알려주는 것도 당연히 중요하다. 거기에 맞춰 번역자는 적절한 수준의 형식과 올바른 어투를 정할 수 있다. 번역자에게는 원문의 표현을 바꿀 수도 있는 자유가 주어져야 한다. 앞서 논의한 바대로 고지식한 직역은 커다란 실수가 될 수 있다.

또한 번역된 메시지는 원문보다 더 길 수도 있다. 따라서 번역량의 길이에 대해 제한을 주는 것은 현명하지 못한 처사다. 만약 그렇게 했다가는 메시지의 효율성을 심각하게 훼손할 수도 있다.

가능하다면 기술적인 용어나 전문용어는 판촉물에서 사용을 줄이는 것이 좋다. 또한 큰 단위 숫자의 사용 역시 제한하는 것이 좋다. 10,000이 넘는 숫자는 잘못 번역되기가 쉽다. 예를 들어 billion은 미국에서는 10억에 해당하지만 유럽에서는 1조의 뜻이다.

농담 역시 번역하기가 거의 불가능하므로 광고에서는 사용하지 않는

것이 최선이다. 어떤 나라의 국민에게는 재미있는 이야기가 다른 나라에
서는 그렇지 않을 수도 있는 것이다.

마지막으로, 번역자에게 가능한 많은 자료를 제공해야 하며, 더불어
메시지의 목표와 주제의 핵심을 반드시 알려주어야 한다. 번역자에게 과
거에 회사에서 사용했던 번역을 참고하게 하고, 경쟁사에서 번역한 광고
문구를 보여준다. 이렇게 하면 회사에서 누누이 강조해온 핵심 카피가
무엇인지도 알 수 있고, 혹 실수로 경쟁사의 광고문구를 사용하는 것도
미연에 방지할 수 있다.

번역의 부담을 줄이고, 문맹률이 높은 국가에서 의사소통을 보다 원활
히 하기 위해 시각적 방법을 사용한 광고가 쓰이기도 한다. 예를 들어, 리
비(Libby)사는 자사의 제품을 즐겁게 사용하는 광대의 모습을 이용한 저
렴한 광고로 성공적인 판촉활동을 벌였다. 그런 광고에는 특별히 광고
멘트가 필요 없었다.

번역 문제를 해결하는 가장 좋은 방법으로 아예 번역을 하지 않는 회
사도 있다. 현지인들이 영어를 이해할 수 있거나, 혹은 광고문구를 이해
해야 할 필요가 없을 때, 차라리 영어권 국가에서 사용했던 문구를 그대로
사용하는 것이 안전할 수도 있다. 번역자를 사용하면 곤란에 처할 위험이
늘 따른다. 번역문에 대한 책임도 결국은 회사가 져야 하기 때문이다.

비영어권 국가에서 영어를 사용했을 때 발생할 수 있는 문제를 줄이는
방법은 다음과 같다.

- 단어나 문장을 포함하여 전체 메시지를 짧고 간략하게 한다.

- 전문용어나 속어는 피한다.

- 관용표현을 삼간다.

- 가능하다면 농담도 피한다.

- 현지의 통화 단위와 척도를 사용한다.

- 가능하다면 구체적인 예를 든다.

- 중요한 점은 반복한다.

만일 비영어권 국가의 국민들을 대상으로 영어로 된 음성 메시지가 들어간 광고를 사용하려 한다면, 성우로 하여금 각 문장마다 끊어 읽으면서 모든 단어를 천천히 주의 깊고 분명하게 발음하도록 한다.

해외사업을 구상하거나 운영하는 와중에 회사의 직원들은 영어를 잘 이해하지 못하는 사람들과 대화를 해야 하는 상황에 처할 가능성이 아주 높다. 이럴 때는 다음에 제시된 지침을 따르도록 하라.

- 질문이나 토론을 할 때는 시간을 충분히 가져야 한다.

- 인내심이 중요하다. 상대방으로 하여금 대답을 생각할 수 있는 여유를 주어라.

- 메시지가 잘 전달되었는지 확인하는 질문이 반드시 필요하다.

- 상대방의 영어실력에 대해 칭찬하고 자신감을 갖게 해준다.

- 상대방이 영어로 응대해주는 것에 대해 감사하다는 표현을 한다.

- 상대방의 언어로 대화를 하지 못해 유감이라는 뜻을 전한다. *(그러나 상대방의 언어로 간단하면서도 예의 바른 인사를 한다면 상대방이 아주 좋아할 것이다. 반드시 그렇게 하도록 하라.)*

협상을 하기 전에 서류자료를 준비한다면 더할 나위 없이 좋다. 이렇게 하면 상대방은 준비를 할 수 있고, 영어로 진행되는 회의를 더 잘 이해할 수 있다. 또한 회의가 끝나고 난 후에는 대화의 내용을 요약하여 보내주어야 한다. 이 또한 대화의 내용을 완벽하게 이해하는 데 도움을 줄 수 있다.

2차 대전 중에 "가벼운 말 한마디가 함선을 침몰시킨다"라는 말이 있었다. 이는 낯선 이들이 듣는 가운데 군사 문제에 대해 무심코 떠들지 못하게 하려는 것이었다. 국제 비즈니스를 함에 있어서도 이 문장을 약간 변형하여 사용할 수 있다. "잘못 전달된 말 한마디가 회사를 망하게 한다." 다국적기업들은 피하기 힘들고 예상치도 못했던 문제들과 수시로 마주한다. 그러니 피할 수 있는 실수라면 피하는 것이 상책이다.

시장조사를 제대로 하라

시장조사를 제대로 행했다면 국제 비즈니스에서 발생했던 대부분의 실수는 규모가 작아졌거나 혹은 아예 일어나지 않았을지도 모른다. 제품의 현지화가 얼마나 필요한지, 제품이나 회사의 이름과 관련하여 문제가 일어나지는 않을지, 판촉활동을 위해 무엇이 필요한지, 시장전략을 어떻게 세워야 할지 등의 문제가 시장조사를 통해 명확해질 수 있다. 제대로 된 시장조사는 번역상의 실수도 미연에 막을 수 있다.

본국에서 사용한 것과 똑같은 제품 · 제품명 · 판촉물 · 판촉전략을 해외에서도 사용하려 했기 때문에 수많은 실수가 일어났다. 본국에서 성공한 방법이 외국에서도 성공하리라 생각했던 것이다. 물론 이해하지 못할 바는 아니지만, 그런 기대는 거의 현실화되지 못한다. 국내와 국외에서 표준화된 정책을 사용하면 어느 정도의 효율성을 가질 수도 있지만, 많은 경우에 있어서 그 전략은 바람직하지 않다. 어떤 경우에나 한계가 있다. 각 기업은 이 사실을 잘 알고 있어야 한다.

시장조사를 통해 회사에서는 표준화의 한계를 깨달을 수 있다. 시장조사는 두 가지 중요한 기능이 있다. 첫째, 회사가 무엇을 달성할 수 있는지 알려준다. 둘째, 회사에서 무엇을 해서는 안 되는지 깨닫게 해준다. 두 측면 모두 간과해서는 안 된다.

국제 비즈니스를 계획하는 단계에서 시장조사의 중요성을 의심하는 사람은 거의 없을 것이다. 그러나 불행히도 시장조사는 쉬운 일이 아니며, 극도로 복잡한 작업이다. 분석을 할 때는 아무리 세부적인 사항이라도 놓쳐서는 안 된다. 조사에 필요한 자료는 회사에 따라, 상품에 따라,

그리고 결정에 따라 달라진다. 시장조사를 통해 회사에서는 해외로 진출을 할 것인지, 어느 나라로 진출할 것인지, 해외 시장에 어떻게 나갈 것인지, 그리고 어떤 전략을 사용할 것인지 정할 수 있게 된다.

결론: 당신의 사례가 이 책에 실리지 않기를!

이 책에서 국제 비즈니스에서의 실수담을 모아놓은 것은 다국적기업을 웃음거리로 만들거나 바보로 취급하려는 의도에서가 아니다. 소중한 경험을 나누고, 사업을 하면서 피할 수 있는 실수를 대신 맛보게 하려는 의도였다. 다른 사람이 경험한 실수를 통해 우리는 즐겁게 교훈을 얻을 수 있다. 그것이 직접적인 경험을 통해 교훈을 얻는 것보다는 훨씬 낫지 않겠는가.

현실에서 기업들은 대체로 대단히 경쟁력이 높다. 기업들이 실수를 할 수 있는 경우가 수없이 많다는 것을 생각해본다면, 어떤 기업이 생존해 있다는 사실만으로도 대부분의 업무를 제대로 하고 있다고 생각할 수 있다. 제너럴 모터스의 고위 임원에게 이 책에 나왔던 그 회사의 실수의 사실 여부를 물어보았는데, 그의 대답에서도 이런 점이 드러났다. 제너럴 모터스가 해외사업 분야에서 몇 가지 실수를 저지르기는 했지만, 수많은 결정을 한 것에 비한다면 실수의 경우는 아주 적지 않느냐는 것이었다.

즉, '꽤 괜찮은 타율'이라는 것이다. 그의 대답은 옳다. 사실 대부분의 기업들이 치명적인 실수는 거의 저지르지 않았으며, 피할 수 있는 실수는 더더욱 저지르지 않았다. 이 책에는 많은 실수가 소개되고 있지만, 이 실수들은 오랜 기간에 걸쳐 수많은 회사가 저질렀던 것이라는 점을 기억해야 한다.

기업들이 이런 실수를 저지른다는 사실은 그리 놀랄 일이 아니다. 사실 실수를 저지르는 주체는 회사가 아닌 직원들이기 때문이다. 직원들도 인간일 뿐이다. 우리 인간들은 모두 실수를 저지른다. 인간의 실수가 개인적인 일에 한정될 경우도 있지만, 때로는 조직을 대표한 실수이기도 한 것이다.

또 하나 말해둘 점은, 이 책에 나온 실수담이 반드시 정확하지는 않다는 점이다. 여기서 사용한 예들은 대부분 언론에 보도된 내용이고, 그 사실 여부를 확인하는 작업을 거치기도 했지만, 사실 검증이 그리 쉽지는 않았다. 많은 기업들이 질문에 대답하기를 꺼렸다. 일부 기업에서는 다음과 같이 대답했다. "안타깝게도 관련 사건에 대한 정보를 제공해드릴 수가 없군요. 당시에 담당하던 직원은 그만두고 없습니다." 이 답변은 우리에게 추가적인 교훈을 준다. 회사에 오래오래 남아 있고 싶다면, 실수를 저지르지 말라!

기업들은 체면을 구기고 싶지 않기 때문에 이미 다 알려진 사실도 부

인하는 경우가 있다. 그러나 모든 기업들이 실수를 저지른다는 사실은
일반인들에게도 점점 더 많이 알려지고 있기 때문에 이런 부정은 소용이
없다. 그런데 기업이 어떤 실수를 저질렀다는 보도가 가짜인 것으로 판
명되는 경우도 있다. 즉, 해당 기업이 아닌 엉뚱한 기업이 오해를 받거나,
실제의 이야기가 각색되는 경우가 있다. 저자 역시 엑손사가 태국에서
저질렀던 실수담의 진위 여부를 알아보다가 잘못된 보도의 전형적인 예
를 발견했다. 기사 내용은 엑손의 "Put a tiger in your tank(당신의 전
차에 호랑이를)."라는 광고문구가 태국에서 실패했다는 것이다. 그 이유
는 호랑이가 현지에서 힘이나 정력을 상징하지 않기 때문이라는 것이다.
그러나 태국과 미국에 모두 편지를 내보고, 추가로 조사를 한 끝에 진실
이 밝혀졌다. 경쟁업체가 일부러 잘못된 소문을 흘려 미국 언론이 걸려
들도록 한 것이었다. 사실, 태국에서 호랑이는 힘을 상징하고 있을 뿐만
아니라, 엑손은 이 광고를 효율적으로 계속 사용했고, 현지 시장에서 상
당한 점유율을 획득했다.

　안타깝게도 이 책은 지금까지 저질러졌을 국제 비즈니스의 실수 가운
데 일부만을 담고 있다. 이 책에서 모든 실수를 다루지 못한 것처럼 아마
실수의 종류에는 '생략의 실수'도 분명히 있을 것이다.

　마지막 경고 한마디.
　더 이상의 실수는 없다는 착각에 빠지지 말라. 또 다른 실수가 분명 저
질러질 것이다. 과거의 실수에 대해 더 많이 배울수록 우리는 실수 자체

와 그 원인에 대해 더 잘 알게 될 것이다. 그리고 미래에 저지를 수도 있는 실수를 피할 수 있도록 스스로 더 잘 준비할 수 있을 것이다. 부디 이 책이 실수의 수를 줄이는 데 도움이 되기를 바란다. 당신이 미래에 내릴 결정이 이 책의 제2권에 실리지 않기를!

EIN **plus** Company

아인앤컴퍼니는 경영전략 분야의 전문 컨설팅 회사입니다

기업이 어떤 어려움 속에서도 지속적으로 성장할 수 있는 사업전략과 실행 가능한 계획을 수립하여 고객기업의 성공에 보탬이 되고자 합니다. 또한 '실패에서 배운다' 시리즈를 비롯한 경영 서적 출판과 경영사례의 공유를 실천함으로써 고객기업의 경쟁력 강화에 기여하려 합니다.

아인앤컴퍼니는 사업 전반에 걸쳐 경영전략 수립을 위한 경영자문을 제공합니다

Management Consulting | 다양한 분야의 중소 · 벤처기업에 대한 경영자문 경험을 바탕으로 사업전략 도출 등 경영전반에 대한 자문을 수행합니다.

M&A Consulting | 기업의 인수 또는 매각 관련 전략 수립 및 M&A 실무를 대행합니다.

New Biz Consulting | 경쟁력 있는 기술이나 아이디어의 사업화 자문을 수행합니다.

아인앤컴퍼니는 성공적인 기업경영을 위한 전문서적을 출간하고 있습니다

'실패에서 배운다' 시리즈 | 경영 각 분야의 실패와 실수를 지식화하여 성공적인 기업 경영에, 나아가 성공적인 개인의 삶에 기여하고자 '실패에서 배운다' 시리즈를 기획하였습니다. 본 사례집은 기업 분야와 개인 분야로 나누어 분야별로 도서를 출간합니다.

기업편 창업/ 리더십/ 마케팅/ 영업관리/ 국제경영/ 경영일반/ 변화관리
개인편 삶의지혜/ 경력관리/ 재테크

아인앤컴퍼니는 도서 판매 수익금의 1%를 '사랑의 열매' 에 기부하고 있습니다. 

EIN **plus** Company

www.einandcompany.com
partner@einandcompany.com
tel 02-589-0130   fax 02-589-0131

We make an effort to help you create your value for sustainable growth.